Marcus Schmieke

Haus, Mensch und Kosmos

Marcus Schmieke

# Haus, Mensch und Kosmos

## Wie Vastu unsere Zukunft beeinflußt

SILBERSCHNUR

ISBN 3-931 652-65-3

1. Auflage 1999

Zeichnungen: Madhavanda Dasa
Zeichnungen mit Vasati-Figur: Sibylla Huy
Gestaltung: dtp XPresentation, Boppard
Druck: FINIDR, s.r.o., Český Těšín

Verlag »Die Silberschnur« GmbH · Steinstraße 1 · D-56593 Güllesheim

www.silberschnur.de
e-mail: info@silberschnur.de

# Inhalt

# Einleitung

Seit Jahrtausenden konstruieren die Baumeister und Architekten Indiens Häuser und Tempel, aber auch ganze Städte nach den gleichen Grundprinzipien. Diese sind in den indischen Sanskrittexten festgehalten und werden seit Jahrtausenden in lebendigen Traditionen von Shilpins überliefert. Shilpins sind die indischen Meister der Baukunst, deren zeitloses Wissen, in Einklang mit den Gesetzen der Natur zu bauen, Vastuvidya genannt wird.

Das Sanskritwort *vidya* bedeutet Wissenschaft. Vastu mit kurzem a bedeutet Raum; mit langem a heißt es Gebäude. Obwohl die Wissenschaft des Vastuvidya ein tiefes und eingehendes Studium erfordert, versucht dieses Buch, die grundlegenden Prinzipien in kleinen einfachen Zeichnungen darzustellen. Diese Prinzipien kann man bewußt und kreativ für die Verbesserung seiner eigenen Wohnsituation einsetzen. Sie dienen auch als Entscheidungshilfe, wenn es darum geht, ein bestimmtes Haus zu kaufen oder eine Wohnung zu mieten.

Vastuvidya entfaltet seinen vollen Nutzen, wenn man ein neues Gebäude errichtet, doch hilft es auch im Fall einer bereits bestehenden Wohnsituation. Für beide Fälle enthält dieses Buch viele praktische Anleitungen. Es finden sich darüber hinaus verschiedene Hinweise und Prinzipien, die sich nur durch größere bauliche Maßnahmen umsetzen lassen.

Beim Feng Shui, der populären chinesischen Variante des Vastu, steht die Lebensenergie Chi im Zentrum der Betrachtungen. Es geht im Feng Shui vor allem darum, Blockaden im Fluß der Lebensenergie aufzuheben und ihre Dynamik optimal zu fördern. Daher kann ein Feng Shui-Berater mit relativ einfachen Mitteln eine Wohnsituation verbessern, indem er energetische Blockaden auflöst und Einflüsse schädlicher Energien neutralisiert. Dadurch läßt sich eine sofortige Verbesserung des Wohlbefindens herbeiführen. Im Feng Shui wird hierbei mit Spiegeln, energetisch wirksamen Pflanzen, Klangspielen usw. gearbeitet.

Vastuvidya berücksichtigt diesen energetischen Aspekt ebenfalls, stellt jedoch den Einfluß der Elemente, der Erde, des Magnetfeldes, der Bahn von Sonne und Mond und der Planeten in den Vordergrund. Diese Einflüsse wirken sehr tiefgehend auf das Schicksal der Menschen, die in einem Haus leben oder arbeiten, und zeigen ihre volle Wirkung zumeist erst nach zwei bis drei Jahren. Die Korrekturen, die im Rahmen des Vastuvidya an einem Gebäude durchgeführt werden, wirken daher vor allem langfristig - dafür umso nachhaltiger.

Ein erfahrener Vastuvidya-Experte kann an den Eigenschaften eines Hauses und dessen Umgebung fast alles über die Geschichte und die Eigenschaften seiner Bewohner ablesen. Wichtiger jedoch sind die Chancen und Gefahren, welche die Zukunft bereithält. Wer die Prinzipien des Vastuvidya kennt, sieht diese und kann den Menschen Hinweise geben, wie sie die Gefahren umgehen und die Chancen nutzen können.

Hier möchte ich gerne aus meiner eigenen Erfahrung berichten, die zeigt, daß Vastu in jeder Situation einen Anstoß liefern kann, wichtige Veränderungen vorzunehmen, welche das Leben maßgeblich beeinflussen. Fast immer sind solche Veränderungen in der Wohnung oder am Haus mit vertretbarem Aufwand durchführbar; nur selten heißt die Vastu-Diagnose Auszug oder Abriß. In solchen Fällen wissen die betroffenen Menschen jedoch zumeist schon selbst, daß in ihrem Leben ein größerer Wandel bevorsteht, der wichtige Entscheidungen verlangt.

Viele Beispiele lassen sich anführen, um die Wirksamkeit des Vastuvidya auch in der heutigen Zeit zu demonstrieren. Für die Auswirkung des Vastu gibt es ebensoviele positive wie negative Beispiele, und beide sind lehrreich. Vor ein paar Jahren erwarben mehrere Personen in Jaipur ein Grundstück, das exakt nach den Prinzipien des Vastuvidya ausgewählt wurde. Sie teilten das Grundstück nach den gleichen Prinzipien auf und verkauften einige Teile davon mit einem solchen Gewinn, daß sie damit den Bau eines wunderschönen, nach Vastu-Prinzipien gebauten Yogazentrums finanzieren konnten.

Vor kurzem wurde mir auch die Geschichte einer süddeutschen Firma bekannt, die kurz vor dem Konkurs stand und sich in letzter Minute entschloß, dem Rat eines im Vastu bewanderten Freundes zu befolgen und den Haupteingang aus dem Süden, was nach Vastu als ungünstig gilt, in den Osten zu verlegen. Innerhalb kürzester Zeit erholte sich das Unternehmen und schreibt heute wieder schwarze Zahlen. Von einer ähnlichen Erfahrung berichtete mir ein befreundeter Bauingenieur, der einen Rohbau betreute, dessen Haupteingang im Süden lag. Dort häuften sich unerklärliche Unglücksfälle in einem solchen Maße, daß er vermutete, der fehlplazierte Eingang könnte die Ursache davon sein.

Eine noch ungünstigere Position des Eingangs fand ich bei einer ganzen Reihe von Geschäftshäusern in Wiesbaden vor. Dort liegen die Haupteingänge jeweils in der südwestlichen Ecke, so daß man das Gebäude auf der Diagonalen in Richtung Nordosten betritt. Ohne erklärlichen Grund gehen diese Geschäfte regelmäßig pleite und wechseln den Mieter.

Eine weitere Illustration der Vastuvidya-Prinzipien ist die Geschichte einer alten umgebauten Mühle in Mitteldeutschland, die prinzipiell sehr gute Eigenschaften aufweist. Ein wesentlicher Nachteil dieses Projektes besteht jedoch in einer niedrigen, aus Holz gefertigten Erweiterung, die im Nordosten des Haupthauses angebaut wurde. An sich ist eine Erweiterung des Nordostens sehr gut und fördert den Wohlstand eines Gebäudes. Da der Nordosten die reinste und wichtigste aller Himmelsrichtungen ist, wird jedoch genau der gegenteilige Effekt erzielt, wenn dieser Anbau, wie bei dem genannten Gebäude, als Müllraum verwendet wird. Die Verunreinigung des Nordostens führt zu Spannungen und großen Schwierigkeiten, die auf die Bewohner des Projektes zukommen. So erging es dann tatsächlich auch wiederholt den mehrfach wechselnden Besitzern dieser Mühle. Noch heute sind die derzeitigen Besitzer großen Schwierigkeiten ausgesetzt. Interessanterweise wirkte sich dieser Defekt jeweils erst nach einigen Jahren voll aus. Dies ist ein Beispiel für einen Mangel, der nach Vastuvidya sehr leicht korrigiert werden könnte, indem man diesen Anbau einfach anders nutzte.

Ein nach allen Prinzipien des Vastudvidya errichtetes Gebäude verleiht jedem Besucher ein sofortiges Glücksempfinden und schenkt seinen Bewohnern Frieden, Gesundheit und alle Möglichkeiten, ihre Zukunft erfolgreich zu gestalten.

Einen solch idealen Fall findet man jedoch sehr selten vor. Die meisten Menschen, die sich mit Vastuvidya beschäftigen oder einen Berater konsultieren, werden in ihrem Haus positive und negative Aspekte entdecken, da die Wohnsituation, in der ein Mensch lebt, eine Art Spiegelbild seiner Lebenssituation und seines Bewußtseins darstellt. Da es im Leben fast eines jeden Menschen Raum zur Verbesserung gibt, sollten wir auch erwarten, daß unsere Wohnsituation ebenfalls diesen Raum aufweist.

Wir sollten froh darüber sein, in unserer Umgebung Hinweise zu finden, in welcher Richtung wir an uns und unserem Leben arbeiten können. Vastuvidya zeigt nicht nur, was in unserer Wohnung gut oder schlecht ist, sondern offenbart gleichzeitig, welche Energien, Einflüsse und Wesenheiten in unserem Haus und Leben positiv bzw. negativ wirken. Beispielsweise läßt sich der förderliche oder störende Einfluß bestimmter Planeten nachweisen oder auch deren ungünstige Kombination. Die vedische Kultur kennt eine ganze Reihe hilfreicher Maßnahmen, um einmal erkannten Einflüssen entgegenzuwirken oder sie positiv zu nutzen.

Dieses Buch enthält eine Reihe von Zeichnungen, die den Einfluß der Planeten auf Haus und Mensch verdeutlichen. Jede Himmelsrichtung, doch auch jeder Raum, wie z.B. Küche und Bad, wird von einem bestimmten Planeten beherrscht. Wenn man die wechselseitigen Beziehungen der verschiedenen Planeten kennt, kann man leicht beurteilen, welche Lage eines Raumes und welche Kombination mit anderen Räumen förderlich ist.

Ebenso wichtig ist im Vastuvidya das Verständnis der Elemente, das in einer weiteren Serie von Zeichnungen dargestellt wird. Jedes Naturelement ist einer der Nebenhimmelsrichtungen zugeordnet und prägt damit deren Qualität. Das richtige Zusammenspiel der Elemente im Haus ist von größter Bedeutung.

Ein weiterer Schwerpunkt des Vastuvidya ist das Verständnis der Zeitzyklen, in denen der Mensch lebt. Sowohl der Lauf der Sonne und des Mondes als auch der Planeten wirken im menschlichen Leben durch die elektromagnetischen und subtilen Schwingungen, deren Frequenz sich mit der Zeit verändert. Im Einklang mit den verschiedenen Zeitqualitäten zu leben, ist einer der wichtigsten Aspekte des Vastu. In der Grundmatrix des Vastuvidya, dem Vastupurusha Mandala, dem ebenfalls einige Zeichnungen dieses Buches gewidmet sind, sind all diese Zeitzyklen in ihrer für die Baukunst wichtigen räumlichen Darstellung enthalten. Der tägliche und auch jährliche Verlauf der Sonne weist beispielsweise den Himmelsrichtungen unterschiedliche Eigenschaften zu, da sich die Qualität des Sonnenlichts mit der Zeit und auch der Einfallsrichtung ständig ändert.

Eine ganze Reihe von Zeichnungen beschäftigt sich mit der genauen Aufteilung des Grundrisses und der Lage der Räume bezüglich der Himmelsrichtungen. Jede Raumfunktion hat eine ideale Lage, neutrale Plazierungen und Orte, an denen ein solcher Raum nicht hingehört. Solche Informationen sind den Bildern beigefügt.

Durch das Buch führt ein kleiner indischer Junge namens Vasati. Er verkörpert den exotischen Aspekt des Vastuvidya und versucht, verschiedene Prinzipien auf lockere und heitere Art zu vermitteln.

Vasati auf dem Schreibtisch des Autors

# Das vedische Architekturverständnis

Vastuvidya ist die Wissenschaft, in Einklang mit den Gesetzen der Natur zu wohnen und zu bauen. Sie wurde vor Jahrtausenden von den Weisen der vedischen Kultur entdeckt und seitdem mit fundierten Erfahrungen angereichert. Obwohl diese Weisen selbst nicht in großen Häusern und Palästen lebten, schufen sie die Wissenschaft der Architektur zum Wohle der Menschen. Vastuvidya beschreibt, in welcher Weise das Glück und die Entwicklung eines Menschen durch sein Haus und andere Lebensräume beeinflußt wird.

Vastuvidya berücksichtigt das Wesen der fünf Elemente, den Bewegungsverlauf des Mondes und der Sonne, den Einfluß der Planeten, geologische und klimatische Einflüsse, das Magnetfeld, die Energiegitter der Erde und den Einfluß höherer Wesenheiten, um den idealen Grundriß eines Hauses, Tempels oder einer ganzen Stadt zu entwerfen. All diese Faktoren zusammengenommen erschaffen auf einem Grundstück und in jedem Gebäude ein Energiefeld, das sowohl das Gebäude selbst als auch die Menschen, die in ihm leben, beeinflußt.

Vastuvidya ist die uralte Wissenschaft von Raum und Zeit, deren komplexe physikalische Dynamik durch den Tanz Shivas repräsentiert wird. Der gesamte Kosmos ist ein einheitliches Energiefeld, in dem Raum und Zeit miteinander wechselwirken und die Materie hervorbringen. Dieses geschieht nach unvergänglichen Naturgesetzen. Ein Haus ist ein kleines Universum, dessen Energiefeld nach den gleichen Prinzipien geschaffen wird. Die Proportionen der verschiedenen Körperteile Shivas und ihre Stellungen bei seinem kosmischen Tanz bilden die Grundlage der Proportionenlehre des Vastuvidya. Der vollkommene Raum kommt in einer Reihe numerischer Gleichungen zum Ausdruck, die Qualität und Quantität miteinander in Beziehung setzen.

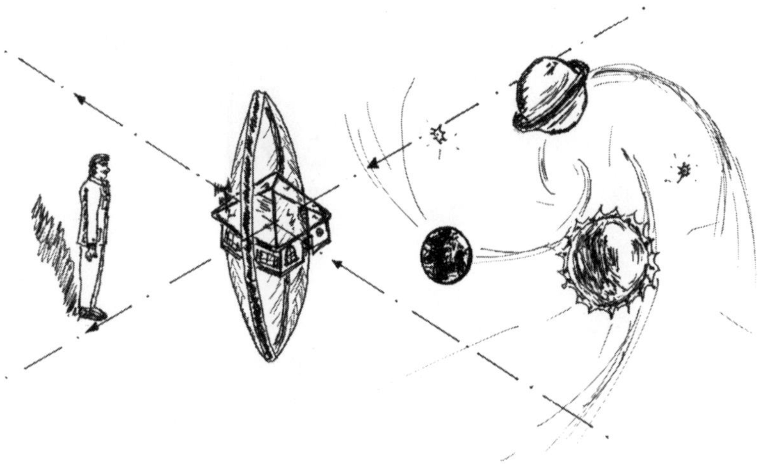

Das Haus ist ein Mittler zwischen Mensch und Kosmos. Wie eine Linse richtet es die Energien von Natur und Universum auf seine Bewohner. Nach vedischer Ansicht verkörpert es sowohl Mensch als auch Kosmos und läßt die Energien aus dem Mikrokosmos in den Makrokosmos fließen. Der Mensch lebt in dem Energiefeld, welches durch die Struktur des Hauses geschaffen wird. Es ist ein Universum im Kleinen, das all die Energien enthält, die auch im Universum selbst vorhanden sind.
Das Glück und die Entwicklung eines Menschen hängen davon ab, wie er mit diesen Energien umgeht. Daher wird sein Schicksal merklich von der Gestaltung seines Hauses und Lebensraumes beeinflußt.
Der Raum, den der Mensch um sich herum schafft, reflektiert sowohl die von außen auf ihn wirkenden Energien als auch sein eigenes Bewußtsein. Im Wohnraum kommt es daher zu einer Wechselwirkung von Geist und Kosmos.

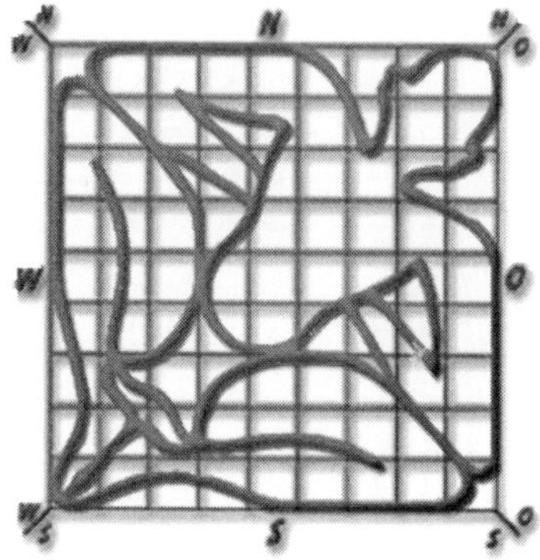


Die verschiedenen Einflüsse des Vastuvidya verbinden sich im Vastupurusha Mandala zu einer kosmischen Matrix, die den Grundplan jedes Gebäudes, Grundstücks und Raumes bildet.

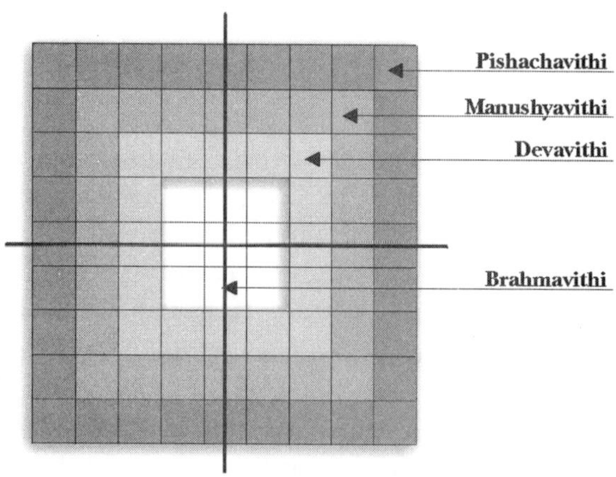


Die 81 Quadrate des Vastumandala werden in vier *vithis*, d.h. vier Bereiche unterteilt, die unterschiedliche Eigenschaften besitzen und unterschiedlich genutzt werden können.

Das Mandala teilt die Fläche des Hauses in vier Bereiche ein, die um das Zentrum herum gruppiert sind. Das Zentrum wird als Brahmanabhi bezeichnet und von den neun Zellen des Brahmavithi umgeben. Um das Brahmavithi herum liegen drei Bereiche, die als Devavithi, Manushyavithi und Pishachavithi bezeichnet werden.

Brahmavithi ist der vertraulichste Raum im Inneren. Ihn umgibt Devavithi, der familiäre, göttliche und hell erleuchtete Raum. Um diesen Raum herum befindet sich der Raum der Menschen (Manushyavithi), der teilweise bekannt und teilweise unbekannt ist. Er repräsentiert den sozialen Raum und wird von dem unbekannten und unfamiliären Raum der Hexen und Dämonen umgeben, der als Pishachavithi bezeichnet wird.

Diese vier Bereiche entsprechen dem in der Psychologie bekannten Konzept psychologischer Räume, die von innen nach außen betrachtet vom vertraulichen, über den familiären, zum sozialen und letztlich zum unbekannten Raum voranschreiten.

Der innere Bereich, das Brahmasthana, ist der vertrauliche Raum, der in Tempeln den Altarraum beherbergt. In Wohnhäusern kann er ebenfalls als Ort der Kraft genutzt werden und frei und offen gehalten werden.

Der mittlere Bereich besteht aus Deva- und Manushyavithi und ist für den Wohnbereich der Menschen vorgesehen. Er ist eine Verbindung aus familiären und sozialen Räumen. Der äußere Bereich wird auch als stellarer Bereich bezeichnet und ist für die Eingänge von Bedeutung. In ihm liegen 32 Sterne, die ihren Einfluß über die Plazierung des Eingangs zur Geltung bringen. Daher sollte der Auswahl des Eingangs besondere Bedeutung beigemessen werden.

Im Zentrum des Mandalas residiert Brahma, der Schöpfer des Universums. Dieser Bereich wird im Vastuvidya nicht bebaut, da seine Energien für den Menschen zu stark sind. Dort sollten niemals Säulen, Mauern oder andere schwere Konstruktionen errichtet werden. Von diesem Zentrum aus baut sich im Haus ein Energiefeld auf, das von aus dem Kosmos herabströmenden Energien genährt wird. Daher ist dieser Zentralbereich häufig nach oben hin offen.

Der Vastupurusha ist die kosmische Person, die den Raum des Universums und auch den Geist eines Grundstückes oder Hauses verkörpert. Er befindet sich im Vastumandala mit seinem Kopf in Richtung Nordosten liegend und stellt den Geist des Vastu dar.

Der innere Bereich eines Hauses wird als Brahmasthana bezeichnet und stellt den wichtigsten Raum für die Zirkulation und Verteilung feinstofflicher Energien im Haus dar. Die aus dem Kosmos einströmenden Energien gelangen von dort aus in die verschiedenen Räume des Hauses.
Im idealen Fall befindet sich im Brahmasthana ein Lichthof, der entweder nach oben hin offen ist oder mit einem Glasdach abgeschlossen wird. Dieser zentrale Raum sollte nicht bebaut oder mit schweren Möbeln verstellt, sondern als ein hochwertiger freier Raum gestaltet werden.

Für praktische Zwecke wird das Gitter des Vastupurusha Mandalas mit all seinen Unterteilungen auf das Grundstück übertragen, wobei tiefe Markierungen gesetzt werden. Indem der Architekt diesen Vorgang wie ein Ritual ausführt, reift in seinem Geist die Vorstellung von der Anordnung der verschiedenen Teile des zukünftigen Gebäudes.

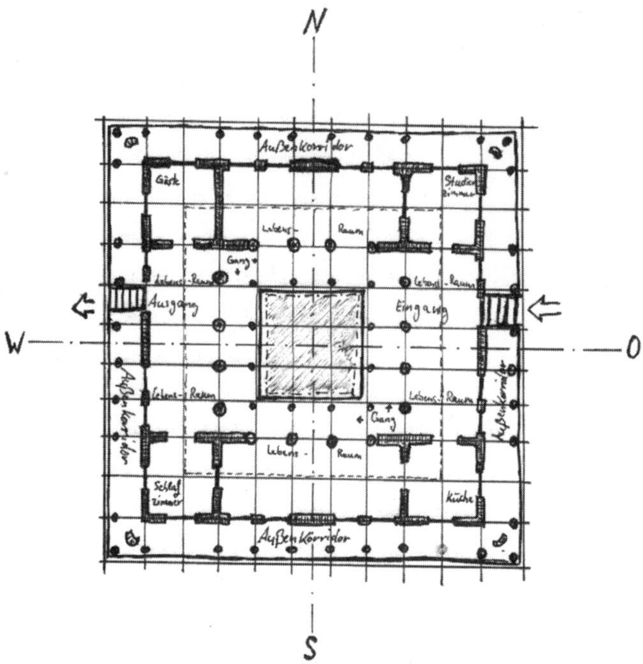


Das ideale traditionelle Haus nach Vastuvidya befindet sich im Bereich des Manushyavithi und Devavithi.

Diese Zeichnung stellt einen Querschnitt durch ein solches vedisches Haus dar.

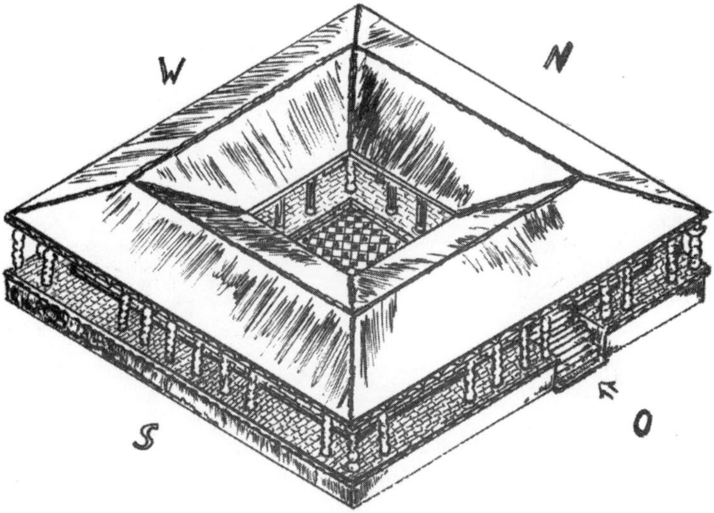


Das traditionelle vedische Haus von außen.

# Die Bahn der Sonne

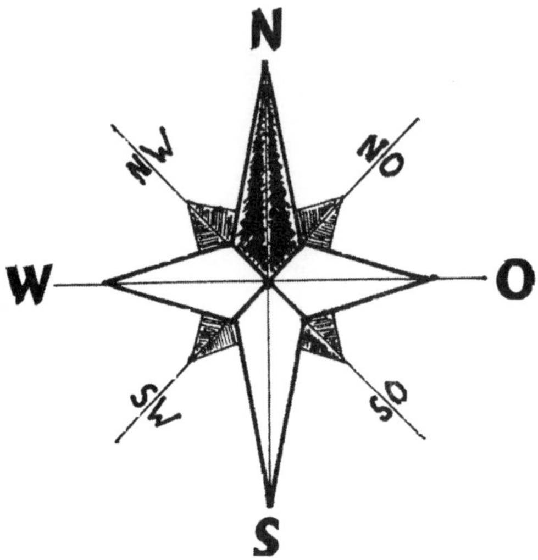


Das Rad der Himmelsrichtungen besitzt in vielen Kulturen tiefe symbolische Bedeutung. Es gibt dem Menschen nicht nur eine geographische Orientierung, sondern ordnet die Energien und Kräfte der Welt im Zyklus des Lebens. Die indianischen Medizinräder stellen den Zusammenhang zwischen den psychischen Aspekten des Menschen und seinen unterschiedlichen Charakteren her, während die chinesischen Diagramme des I Ging die Wandlungsphasen der Natur und ihren Einfluß auf den Menschen beschreiben.

Im Vastuvidya ordnet es den Raum und seine Qualitäten in vier Hauptrichtungen und vier Nebenrichtungen. Die einander gegenüberliegenden Himmelsrichtungen stehen hierbei eng miteinander in Zusammenhang. Sie sind komplementäre Gegensätze, die sorgsam ausbalanciert werden müssen. Defekte in einer der acht Richtungen können sich im allgemeinen erst dann spürbar auswirken, wenn auch in der entgegengesetzten Richtung ein korrespondierender Mangel existiert. Umgekehrt kann daher ein Defekt in einer bestimmten Richtung ausgeglichen werden, indem man in der gegenüberliegenden Richtung ein entsprechendes positives Gegengewicht schafft. Das Ziel des Vastuvidya besteht darin, die unterschiedlichen Qualitäten der acht Himmelsrichtungen in ein harmonisches Verhältnis zu setzen.

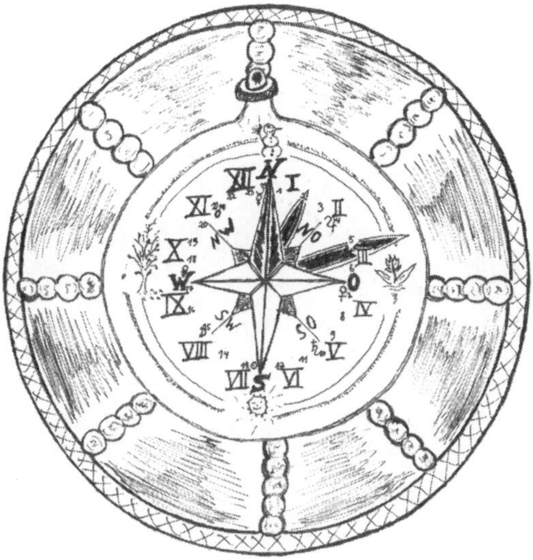


Die Zyklen der Zeit sind mit dem Rad der Himmelsrichtungen verbunden. Die Qualität der Gegenwart ergibt sich aus der Überlagerung vieler, unser Leben beeinflussender Zeitzyklen. Die vier Jahreszeiten sind in den Lebenszyklus eingebettet, welcher wiederum in größeren Zeitzusammenhängen steht, die durch die Bewegung der Sterne und der Planeten erzeugt werden.

Frühling bedeutet Neubeginn und entspricht dem Aufgehen der Sonne im Osten. Der Sommer entspricht dem Mittagsstand der Sonne im Süden. Der Herbst ist dem Westen zugeordnet, wo die Sonne untergeht und den Tag beschließt, während der kühlere Norden dem Winter entspricht. Ebenso entsprechen die verschiedenen Sternzeichen und Planeten im Rhythmus der Zeit den Himmelsrichtungen.

Die Zyklen der Zeit spiegeln sich somit in der Aufteilung des Raumes wieder. Die Bahn der Sonne weist den Himmelsrichtungen unterschiedliche Qualitäten zu, da das Licht aus verschiedenen Richtungen unterschiedliche Qualität besitzt. Da der menschliche Körper aus Milliarden von Zellen besteht, die jede für sich genommen ein kleiner Lichtspeicher ist, und miteinander mit Hilfe von Licht kommunizieren und sich aufeinander abstimmen, beeinflußt das Licht den Menschen sowohl psychisch als auch physisch sehr stark.

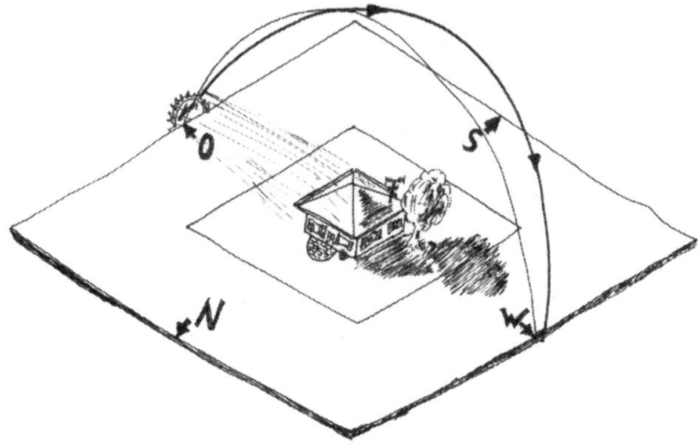


Das Licht der Morgensonne, das uns aus dem Osten erreicht, ist für die Gesundheit sehr förderlich. Diesem Licht sollten keine Hindernisse im Weg stehen. Es enthält einen hohen UV-Anteil, der für das Leben ebenso wichtig ist wie Vitamine. Im Osten sollten daher keine hohen Bäume gepflanzt oder Hindernisse für das Sonnenlicht errichtet werden. Die Kraft des Neubeginns erreicht den Menschen durch dieses frühe Sonnenlicht.

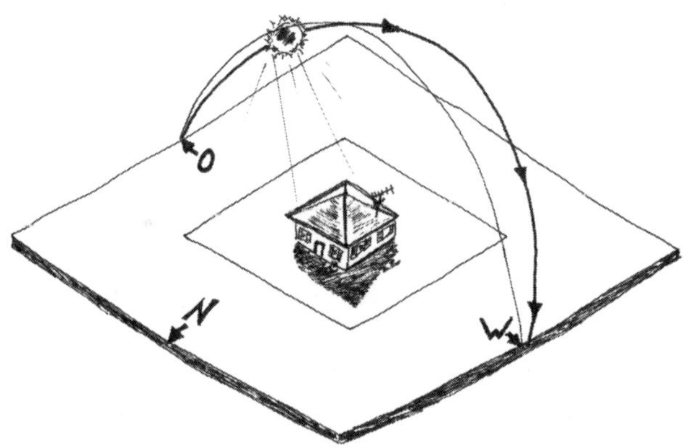


Das Sonnenlicht, das uns aus dem Südosten erreicht, besitzt einen höheren infraroten Anteil, wodurch im Südosten das Element Feuer vorherrschend wird. Der Südosten eignet sich für alles, was mit dem Element Feuer in Zusammenhang steht.

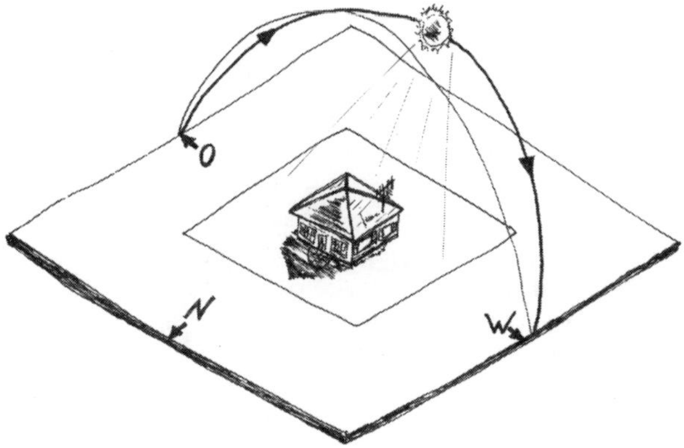


Das Licht der Mittagsonne kommt aus dem Süden und entzieht dem Körper mehr Energie, als es ihm gibt. Vastuvidya empfiehlt daher nicht, den Süden vollständig zu öffnen, denn von dort erreichen uns zwar sehr viel Energie und Wärme, jedoch auch negative Einflüsse und Strahlung.

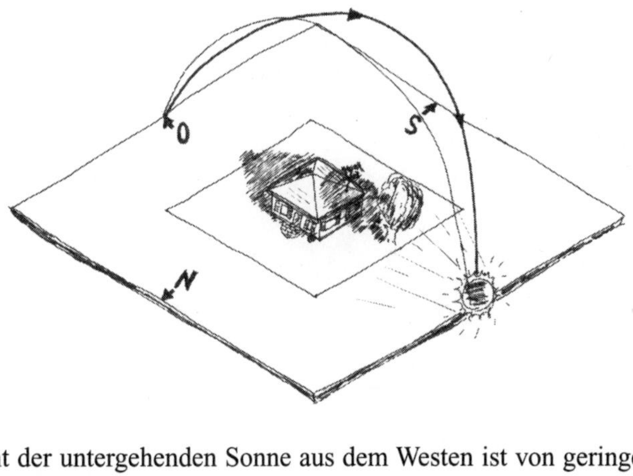


Das Licht der untergehenden Sonne aus dem Westen ist von geringerer Qualität und wird schnell schwächer. Im Westen sollte daher ein Haus ebenfalls möglichst nicht zu weit geöffnet sein. Auch in dieser Richtung bietet es sich an, schattenspendende Bäume zu pflanzen.

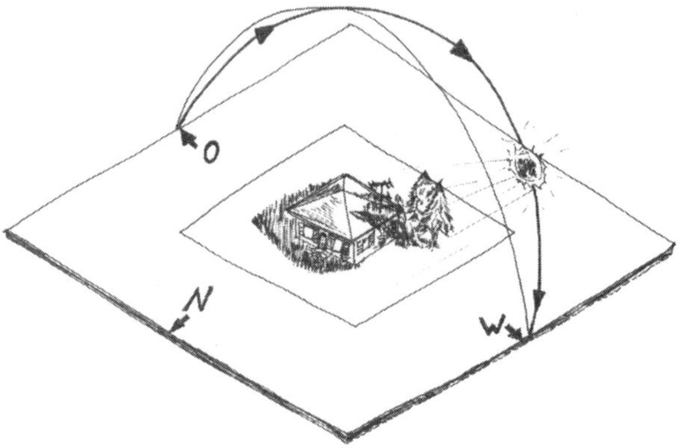


Das Licht aus dem Südwesten schadet dem Körper und sollte daher möglichst nicht auf Haus und Grundstück fallen. Dies erreicht man am einfachsten, wenn man im Süden und Westen Bäume pflanzt. Der Südwesten spielt im Vastuvidya eine sehr große Rolle, da aus dieser Richtung die meisten negativen Einflüsse auf Haus und Grundstück wirken.

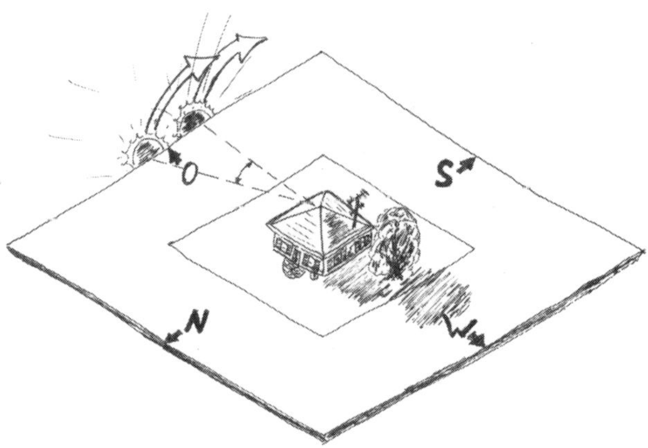


Die Richtung des Sonnenaufganges ändert sich im Laufe des Jahres um einige Grade. Sie läuft ein halbes Jahr in Richtung Norden und ein halbes Jahr in Richtung Süden. In der Zeit zwischen dem 22. Dezember und dem 20. Juni bewegt sich der Ort, an dem die Sonne aufgeht im Norden, während er sich in der Zeit zwischen dem 21. Juni und dem 21. Dezember im Süden bewegt. Die Qualität des Sonnenlichts in Abhängigkeit von der Himmelsrichtung verändert sich daher im Laufe eines Jahres. Der Mensch ist all diesen Veränderungen gegenüber sehr sensibel.

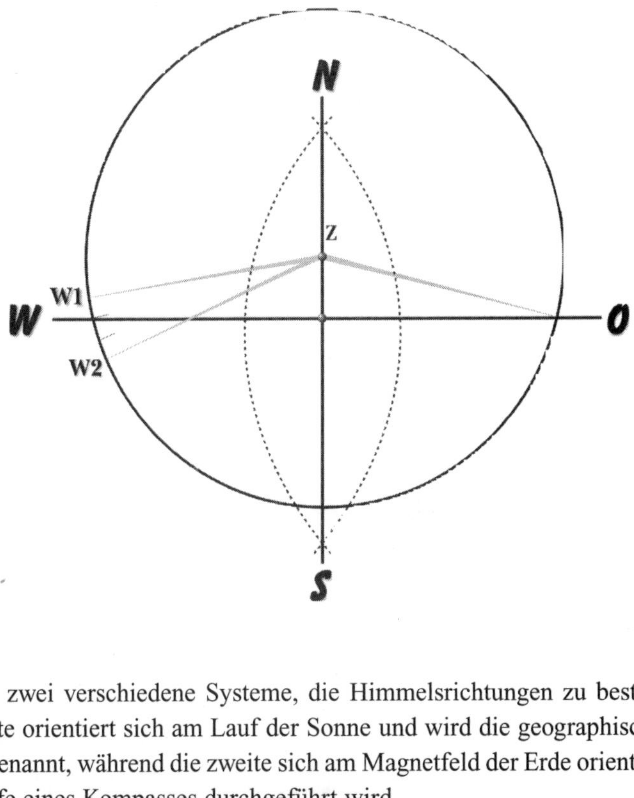


Es gibt zwei verschiedene Systeme, die Himmelsrichtungen zu bestimmen. Die erste orientiert sich am Lauf der Sonne und wird die geographische Methode genannt, während die zweite sich am Magnetfeld der Erde orientiert und mit Hilfe eines Kompasses durchgeführt wird.

Der geographische Osten wird folgendermaßen bestimmt:

Zunächst wird auf ebenem Grund ein Stab von 36 cm Höhe senkrecht in die Erde gesteckt, um den herum man einen Kreis mit einem Durchmesser von 72 cm zieht. Dann markiert man die Punkte, an denen früh morgens und spät abends der Schatten des Stabes mit dem Kreis zusammenfällt. Die Verbindungslinie dieser beiden Punkte ergibt ungefähr die West-Ost-Richtung.

Am nächsten Tag fallen diese Punkte jedoch nicht mehr auf die gleiche Stelle, da sich der Verlauf der Sonne jeden Tag ein wenig verändert. Die Messung wird am nächsten Tag wiederholt und korrigiert, indem man die Distanz zwischen den beiden westlichen Punkten auf dem Kreis in drei Teile teilt und den geographischen Westen um einen Teil in Richtung der zweiten Messung verschiebt. So ergibt sich dann die exakte Richtung des geographischen Ostens aus der Verbindung des korrigierten Westschnittpunktes und des Ostschnittpunktes des vorigen Tages.

Der auf diese Weise bestimmte reine Osten unterscheidet sich um einige Grade vom magnetischen Osten. Projekte mit materiellen Zielen sollten am magnetischen Osten ausgerichtet werden, während sich Projekte mit spirituellen Zielen am geographischen Osten, dem reinen Osten, orientieren sollten.

# Die fünf Elemente

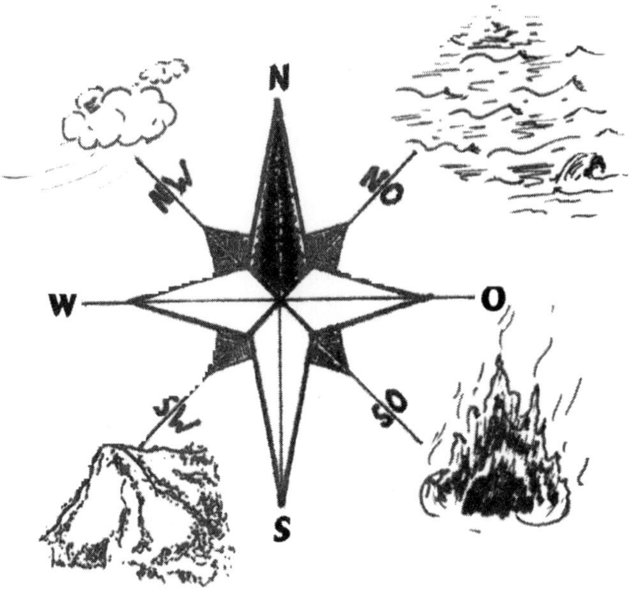


Die materielle Natur besteht aus den fünf Elementen Erde, Wasser, Feuer, Luft und Äther. Die Nebenhimmelsrichtungen sind je einem Element zugeordnet, und zwar der Südosten dem Feuer, der Nordosten dem Wasser, der Südwesten der Erde und der Nordwesten dem Luftelement. Das Element Äther befindet sich im Zentrum.

Ein klares Verständnis der fünf Elemente und ihrer Beziehung zu den Himmelsrichtungen gibt eine gute Orientierung, wie die verschiedenen Richtungen genutzt werden können.

Die Haupthimmelsrichtungen stehen ebenfalls mit den Elementen in Beziehung, doch nicht in solch eindeutiger Weise. Der Westen wird auch dem Wasserelement zugeordnet, da er von Varuna, dem Gott des Wassers, beherrscht wird. Ebenso wird der Süden auch dem Feuerelement zugeordnet, da dort die Intensität der Sonneneinstrahlung am stärksten ist. Während der Osten für den Neubeginn und die Stärke steht, hat der Westen eher die Eigenschaft der Ruhe. Der Norden steht für Geburt, während der Süden den Tod repräsentiert. Keine der Himmelsrichtungen ist an sich gut oder schlecht. Es geht vielmehr darum, ihre Eigenschaften in ein harmonisches Verhältnis zueinander zu setzen.

Der Nordosten, die reinste aller Himmelsrichtungen, kann dem Element Wasser zugeordnet werden. Wasser, das sich im Nordosten befindet oder dort aufbewahrt wird, nimmt die positive Energie des Sonnenlichts von dort auf und kann diese an den Menschen weitergeben. Daher sollten alle Arrangierungen mit reinem Wasser möglichst im Nordosten des Grundstücks, des Hauses bzw. der Räume vorgenommen werden. Obwohl der Nordosten ansonsten möglichst frei und leicht gestaltet werden sollte, bildet Wasser eine Ausnahme.

Im Südosten ist das Feuerelement vorherrschend. Alles, was mit Feuer in Beziehung steht, sollte daher im Südosten des Grundstücks, des Hauses bzw. der einzelnen Räume plaziert werden. Er ist weiterhin für die Gesundheit äußerst förderlich. Aus diesen Gründen ist er der bevorzugte Ort für die Küche. Mit dem Wasserelement sollte man im Südosten sehr vorsichtig umgehen, da seine Natur der des Feuers entgegengesetzt ist. Man sollte am besten Richtung Osten kochen.

Der Südwesten, die schwerste aller Himmelsrichtungen, ist dem Element Erde zugeordnet. Die negativen Energien konzentrieren sich im Südwesten eines Grundstücks bzw. Raumes. Daher sollte man diesen Bereich möglichst mit gewichtigen Gegenständen beschweren und geschlossen halten. Öffnet man den Südwesten eines Grundstücks bzw. eines Hauses zu sehr, können ungewollte Einflüsse und gefahrbringende Energien Einlaß finden und Störungen hervorrufen.

Von allen Himmelsrichtungen ist der Nordwesten die beweglichste. Er ist dem Element Luft zugeordnet, das mit Bewegung, Beziehungen und Veränderungen verbunden ist. Der Nordwesten ist der geeignete Ort, um Beziehungen und Freundschaften zu pflegen, Geschäfte zu tätigen und Gäste zu empfangen. Er eignet sich auch ganz besonders, um bewegliche Dinge wie Autos, Fahrräder und Haustiere zu plazieren.

Im Zentrum ruht der Äther, aus dem alle anderen Elemente hervorgehen. Im Äther sind die Formen enthalten, die sich später in den gröberen Elemente materialisieren. Ein Haus manifestiert sich zunächst auf der Ebene des Äthers, indem es geplant wird und als feinstoffliche oder Gedankenform entsteht. Das Zentrum eines Hauses ist deshalb so bedeutsam, weil dort die schöpferischen Energien konzentriert sind.

# Die vier Haupthimmelsrichtungen

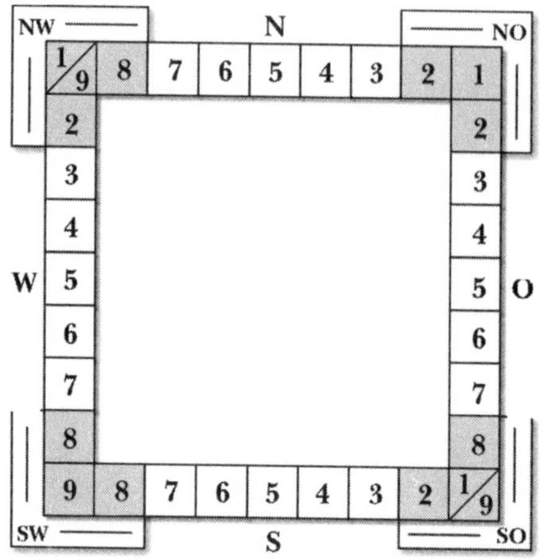


Dieses Diagramm zeigt, wie dem Haus bzw. Grundstück die Haupt- und Nebenhimmelsrichtungen zugeordnet werden. Den Nebenhimmelsrichtungen kommt interessanterweise eine größere Bedeutung zu, da sie die Eigenschaften je zweier Hauptrichtungen kombinieren.

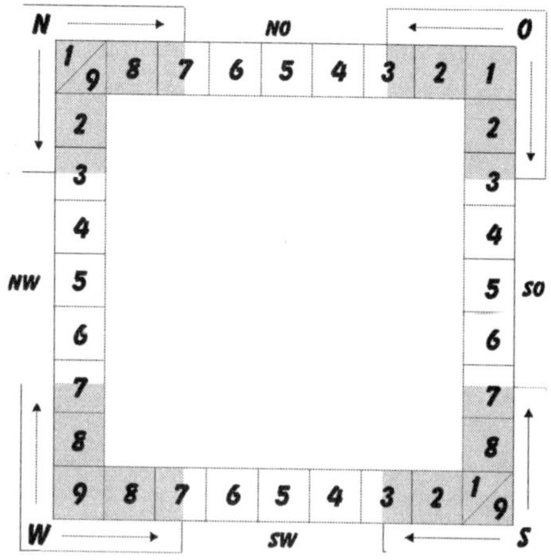


Die gleiche Darstellung mit den Hauptrichtungen in den Ecken. Für beide Varianten kann eine Toleranz von jeweils 15° Abweichung angenommen werden. Der zweite Fall ist schwieriger zu bewerten und wird als weniger günstig angesehen.

Dem Osten ist die Sonne zugeordnet. Er steht für spirituelle Erleuchtung, für die Kraft des Neubeginns, für Gesundheit und Stärke. Meditation, Gebete und andere glückverheißende Tätigkeiten sollte man möglichst Richtung Osten oder Norden darbringen. Wissenschaftliche Untersuchungen haben ergeben, daß das Gehirn und Nervensystem eines Menschen am besten arbeitet, wenn er in Richtung Osten oder Norden schaut.

Dem Norden wird der Mond zugeordnet, der das weibliche und mütterliche Prinzip verkörpert. Der Norden steht für Reichtum und Ruhm. Er gilt neben dem Osten als die beste aller Himmelsrichtungen. In Indien befindet sich im Norden der Himalaya, der als heilig und glückverheißend angesehen wird. Sagt man in Indien, jemand sei in den Norden gegangen, so bedeutet dies, er ging in den Himalaya, um nicht wieder zurückzukehren. Der Pfad Richtung Norden führt zu Erleuchtung und Ewigkeit.

Im Süden residiert Yamaraja, der Herr des Todes. Der Süden eignet sich weniger für glückverheißende Tätigkeiten. Er steht für Gerechtigkeit und die Strenge des Lebens. Der Süden sollte nicht vollständig geöffnet werden, und auch der Haupteingang sollte sich nicht in dieser Richtung befinden. Für Schlafzimmer ist er hingegen sehr gut geeignet.

Im Westen residiert Varuna, der Halbgott des Wassers. Er steht für Ruhe, Stolz und Wohlstand und eignet sich sehr gut für intellektuelle, kreative und künstlerische Tätigkeiten. Zwischen Norden und Osten auf der einen und dem Süden auf der anderen Seite ist der Westen von mittlerer Qualität. Er sollte ebenfalls nicht zu sehr geöffnet werden.

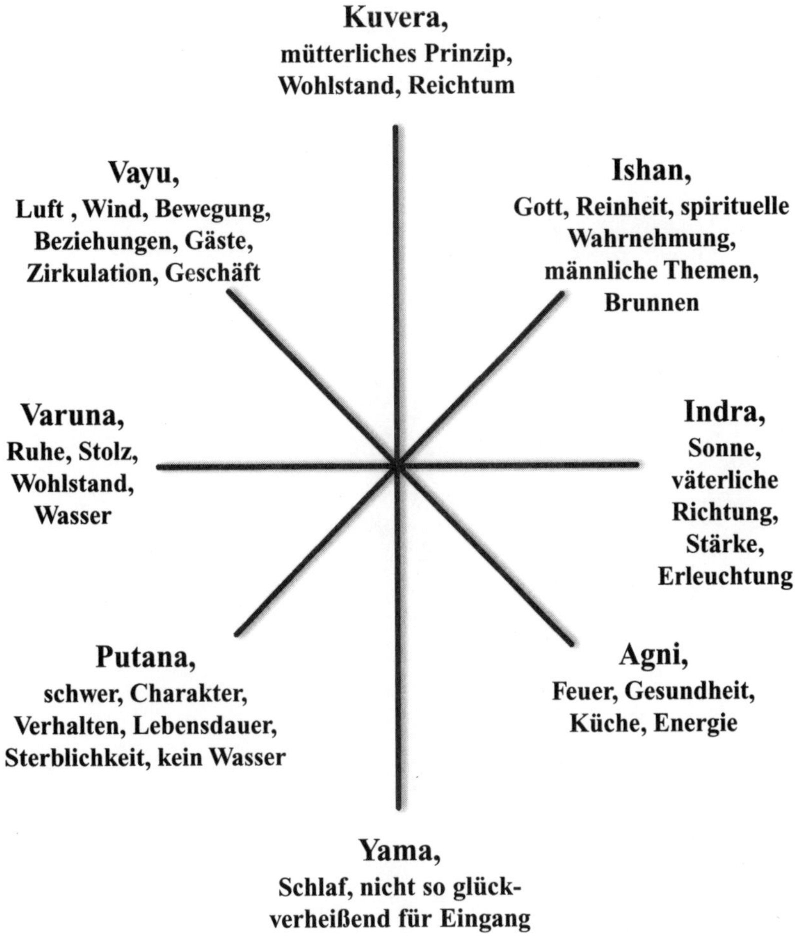


Dieses Diagramm gibt einen Überblick über die Qualität der Himmelsrichtungen. An erster Stelle wird jeweils der beherrschende Halbgott genannt. Weiterhin werden einige der wichtigsten Eigenschaften bzw. Dinge aufgezählt, die mit ihnen in Zusammenhang stehen.

# Die Hauptachse des Raumes

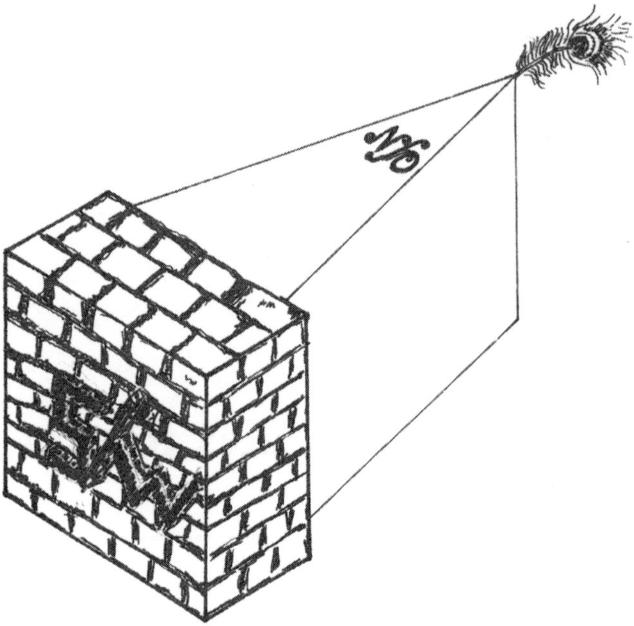

Der Nordosten steht für Reinheit, Leichtigkeit, Raum und spirituelle Wahrnehmung. Der Nordosten sollte möglichst für spirituelle Zwecke verwendet werden. In vedischen Häusern befindet sich dort häufig ein Meditationsraum oder ein Raum zur Verehrung Gottes.
Der Südwesten bildet den Gegenpol zum Nordosten. Daher bildet die Südwest-Nordost-Achse die Hauptpolarität im Vastuvidya. Während der Nordosten glückverheißend, rein und leicht ist, ist der Südwesten nicht glückverheißend, weniger rein und schwer. Hält man den Nordosten möglichst offen und frei, so sollte der Südwesten möglichst geschlossen und schwer sein. Man sollte versuchen, eine solche Polarität in allen Bereichen zu schaffen, sei es auf dem Grundstück, im Haus, aber auch in den einzelnen Räumen.
Auf der Nordost-Südwest-Achse liegen die wichtigsten Energiezentren des Hauses bzw. Grundstücks. Sie entsprechen den Chakren des Vastupurusha, der kosmischen Person, die den Geist des Vastu darstellt. Der Raum wird als lebendiger Raum erfahren, dessen Qualitäten und Dynamik seine Bewohner stark beeinflussen.

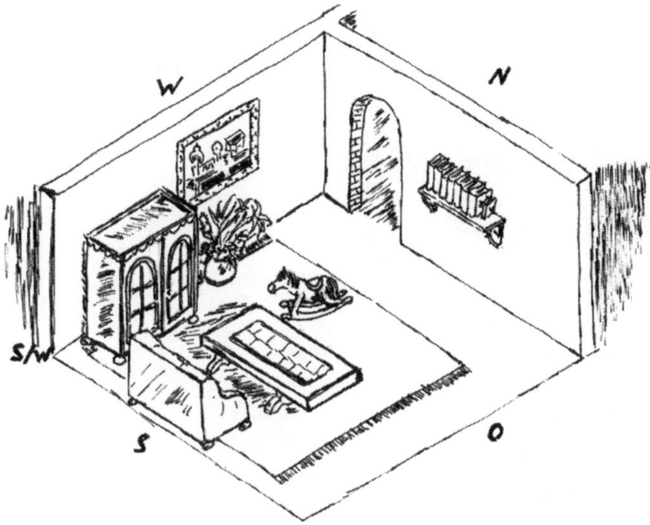


In einem Zimmer sollten die schweren Gegenstände und Möbel vor allem im Südwesten aufgestellt werden, so daß der Nordosten frei und leicht bleibt. Schränke, Betten, Couchgarnituren, schwere Statuen usw. gehören nicht in den Nordosten, sondern sollten, so weit es geht, im Südwesten des Raumes untergebracht werden.

Dieses Prinzip sollte in allen Räumen, im gesamten Haus und auf dem Grundstück angewandt werden.

Um ein Haus nach Vastuvidya zu korrigieren, ist zunächst der Nordosten zu betrachten. Man sollte dort Raum für spirituelle Entwicklung, Ordnung und Reinheit schaffen. Alle schweren Dinge sollten von dort in Richtung Südwesten verlagert werden.

Der Südwesten sollte den höchsten Punkt des Hauses bilden. Daher sollten ein hoher Kamin oder eine Antenne im Südwesten angebracht werden. Wichtig ist vor allem, daß der Nordosten des Gebäudes den Südwesten nicht überragt. Das Gebäude sollte ein leichtes Gefälle vom Südwesten in Richtung Nordosten besitzen, was sich sowohl auf seinen Fußboden als auch auf sein Dach bezieht.

Am besten stellt man im Südwesten des Hauses eine hohe Säule auf, auf der Garuda, der gefiederte Träger Vishnus, thront. Eine solche außergewöhnliche Maßnahme läßt sich jedoch wahrscheinlich nur in fernöstlichen Ländern wie Indien und Thailand durchführen.

# Umgebung und Grundstück

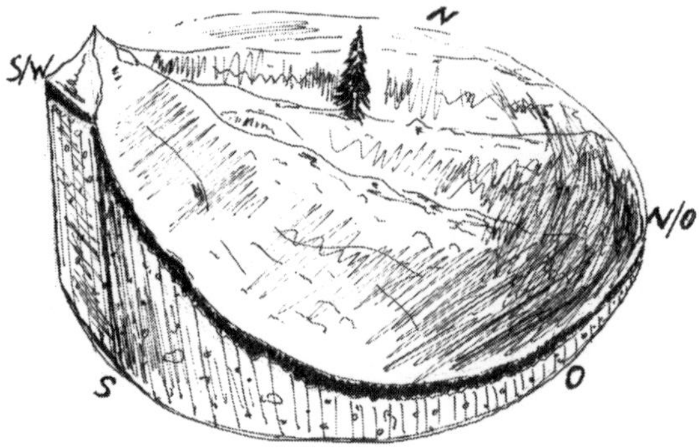


Auch auf dem Grundstück sollte der Südwesten der höchste Punkt und der Nordosten der niedrigste sein, d.h. es sollte aus dem Süden in Richtung Norden und aus dem Westen in Richtung Osten abfallen. Dadurch ist der glückverheißende Umstand gewährleistet, daß das Wasser in Richtung Norden und Osten abfließt.

Berge und Hügel befinden sich idealerweise im Süden und Westen des Grundstücks, während der Nordosten frei sein sollte. Damit fällt das Licht der Sonne aus dem Nordosten und Osten ungestört auf das Haus und Grundstück, während die West- und Südwestsonne von den Bergen abgehalten wird.

Weist das Grundstück kein Gefälle vom Südwesten in Richtung Nordosten auf, so sollte man weder Mühen noch Kosten scheuen, um ein leichtes Gefälle zu schaffen. Die Erfahrungen des Vastuvidya haben gezeigt, daß man für die aufgewandten Mühen um ein Vielfaches entschädigt wird, da die energetischen Verhältnisse des Grundstücks durch eine solche Maßnahme stark verbessert werden.

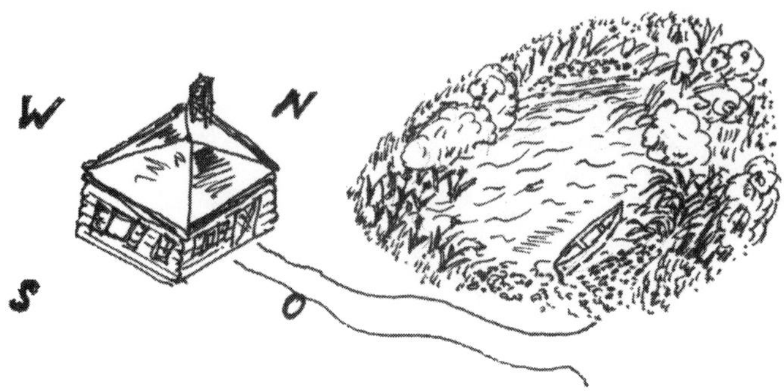


Ein Fluß oder See liegt vorzugsweise im Nordosten des Hauses bzw. Grundstücks.

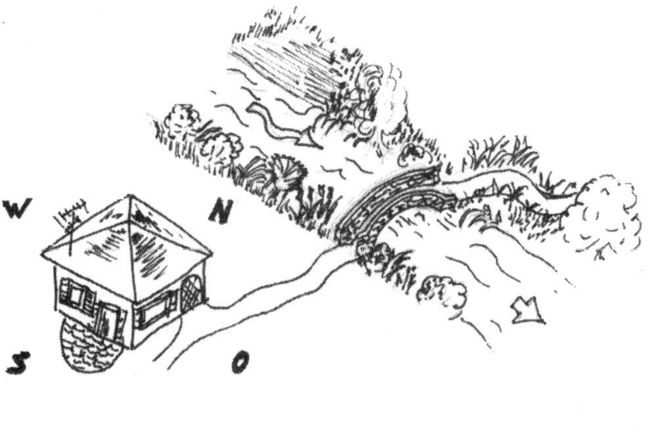


Ein Fluß im Norden sollte in Richtung Osten und ein Fluß im Osten sollte in Richtung Norden fließen.

Diesem Prinzip wird im Vastuvidya besonderer Wert beigemessen, da fließendes und auch stehendes Wasser einen sehr großen Einfluß ausüben.

Über die Prinzipien des Vastuvidya hinaus sollte man bei der Auswahl eines geeigneten Grundstücks bzw. bei der Planung des Grundrisses die geomantischen Verhältnisse überprüfen. Hierzu ist es notwendig, energetische Störfelder ausfindig zu machen, die von Wasseradern herrühren, jedoch auch auf geologische und kosmische Ursprünge zurückgeführt werden können. Vasati benutzt zum Testen positiver und negativer Energien eine Katze, die sich sehr gerne an Plätzen aufhält, deren Energien für den Menschen eher negativ sind.

Eine weitere erprobte Methode zum Überprüfen der Qualität eines Grundstücks besteht darin, dort vor der Bebauung eine Kuh oder ein Kalb anzubinden. Kühe suchen sich Orte positiver Energien, fühlen sich dort wohl und beginnen sofort zu grasen.

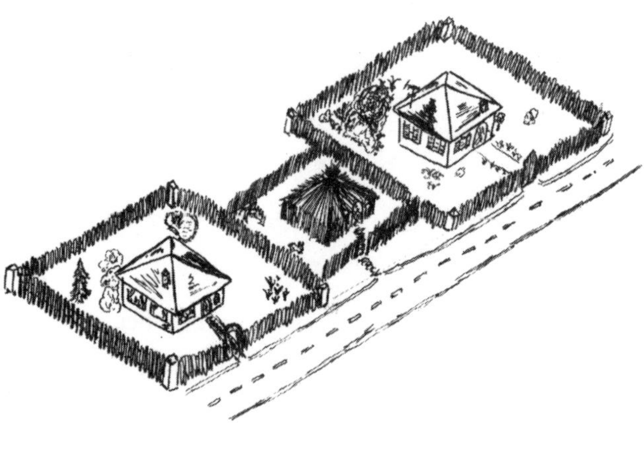

Man sollte kein kleines Grundstück zwischen zwei größeren Grundstücken erwerben.

Auch ein kleines Haus zwischen zwei größeren ist nicht sehr vorteilhaft.

Um das Energiefeld eines gut gelegenen Grundstücks maximal zu verstärken, sollte es rundherum begrenzt werden. Das Prinzip der Begrenzung ist sehr wichtig, um den Energien einen klar definierten geometrischen Rahmen zuzuweisen. Sie wirkt selbst dann spürbar auf die Energien, wenn sie rein juristischer oder gedanklicher Natur ist. Selbst wenn ein Grundstück nur durch

Besitzverhältnisse festgelegt ist, bildet sich ein Energiefeld aus, das sich an diesen Grenzen orientiert. Der gleiche Effekt wird erzielt, wenn ein bestimmter Bereich gedanklich abgetrennt wird. Die größte Wirkung wird jedoch durch eine physische Begrenzung in Form einer Mauer, einer Hecke oder eines Zaunes erzielt.

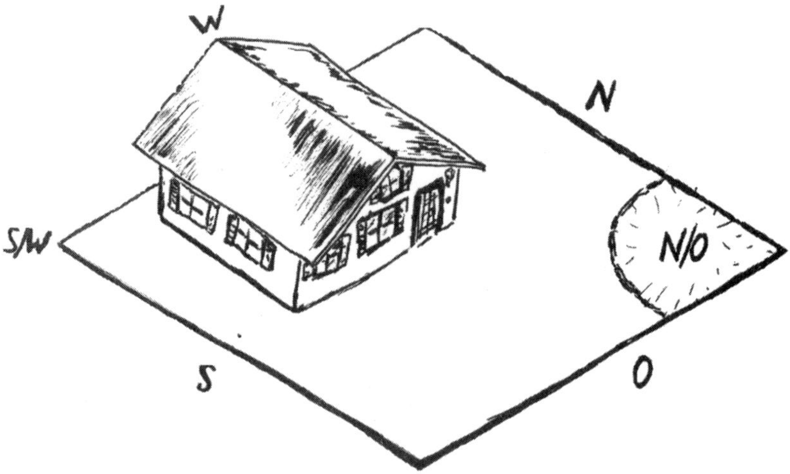


Innerhalb eines Grundstücks sollte das Gebäude so plaziert werden, daß im Norden und Osten mehr Platz bleiben als im Süden bzw. Westen. Das Gebäude steht daher am besten so weit wie möglich im Südwesten. Es kann sogar direkt an die Begrenzungsmauern gebaut werden. Außer in der südwestlichen ist dies in keiner anderen Ecke des Grundstücks ratsam, da sonst die Energien dieser Himmelsrichtungen und die damit verbundenen Elemente gestört werden. Der Nordosten sollte möglichst frei und offen bleiben.

Auf keinen Fall sollte sich im Nordosten Müll befinden. Dieses Prinzip gilt sowohl für das ganze Grundstück als auch für das Haus selbst. Man sollte in jedem einzelnen Raum auf Ordnung und Reinheit vor allem im Nordosten achten. Beim Aufräumen und Putzen sollte man daher stets im Nordosten beginnen und sich von dort aus in die anderen Richtungen vorarbeiten.

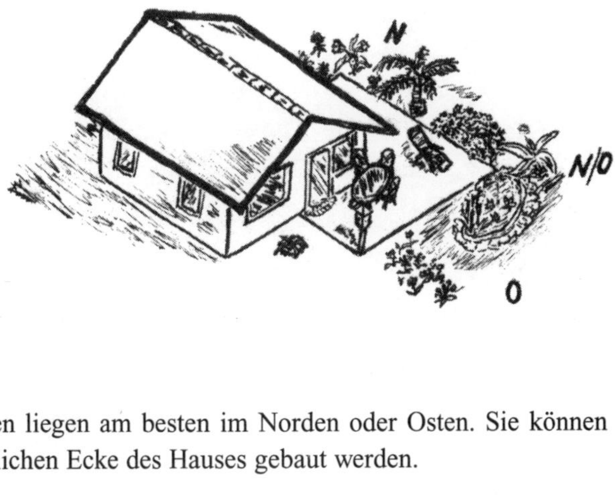


Terrassen liegen am besten im Norden oder Osten. Sie können auch in der nordöstlichen Ecke des Hauses gebaut werden.

Balkone werden ebenfalls am besten im Norden, Osten oder Nordosten gebaut.

Der Nordosten des Grundstücks eignet sich vor allem für angelegte Gärten.

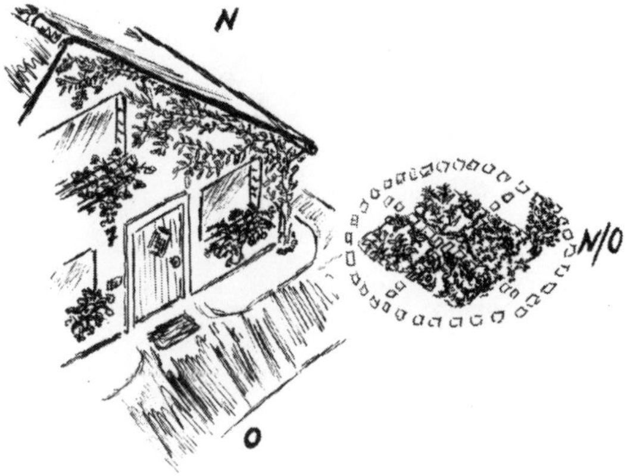


Kräuter, die im Nordosten gepflanzt werden, entfalten ihre Heilkräfte am besten.

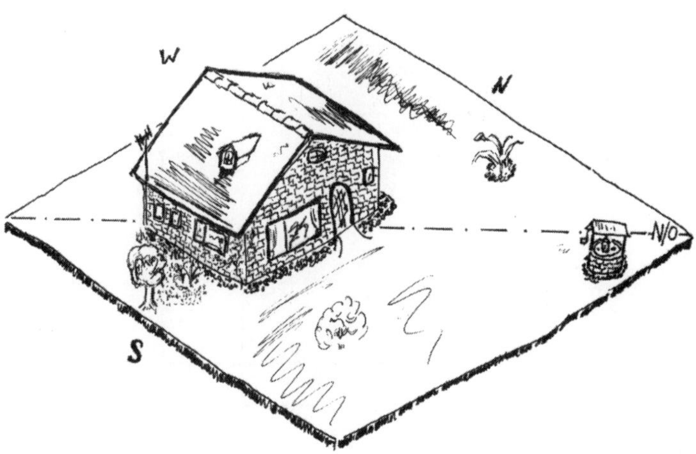


Brunnen sollten im Nordosten des Grundstücks gegraben werden. Sie sollten auf keinen Fall auf der Diagonalen liegen, sondern am besten südlich von ihr.

Die Form des Grundstücks sollte möglichst regelmäßig sein. Ideal ist das Quadrat. Es sollte parallel zu den Haupthimmelsrichtungen liegen, damit seine Seiten parallel zu dem Energiegitternetz der Erde liegen. Dann können sich so die Energien auf dem Grundstück optimal entfalten. Beim Quadrat kommen die polaren Gegensätze ideal zum Ausgleich.

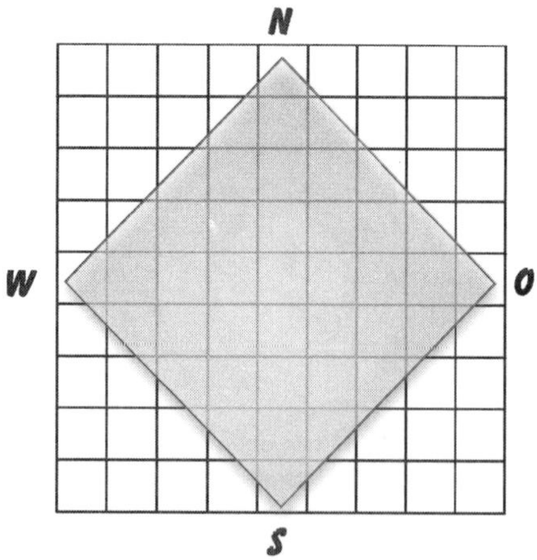


Liegt ein Grundstück diagonal zu den Haupthimmelsrichtungen, die damit in dessen Ecken liegen, werden seine Energien gestört. In einem solchen Fall sollte das Haus parallel zu den Begrenzungen des Grundstückes gebaut werden und die Prinzipien des Vastuvidya gelten nur zu ca. 70%.

Verhältnis 1:1,25 Stärke, Reichtum, Perfektion

Verhältnis 1:1,5 Freude

Verhältnis 1:1,75 Gesundheit

Bei rechteckigen Grundstücken ist das Verhältnis von Länge zu Breite sehr wichtig. Es sollte den Faktor 2 nicht überschreiten. Die hier abgebildeten harmonischen Verhältnisse von Länge und Breite zwischen 1 und 2 sind hingegen empfehlenswert.

Maße und Proportionen spielen im Vastu eine große Rolle. Vastuvidya ist eine exakte Wissenschaft, die Raum und Zeit mit Hilfe von Schwingungsgleichungen miteinander in Beziehung setzt. Der Raum wird durch ein vollständiges System mathematischer Gleichungen beschrieben, mit deren Hilfe man die Proportionen von Grundstücken, Häusern und einzelnen Räumen berechnen kann. Diese Formeln zeigen, wie die Qualität der Räume durch ihre Proportionen bestimmt wird.

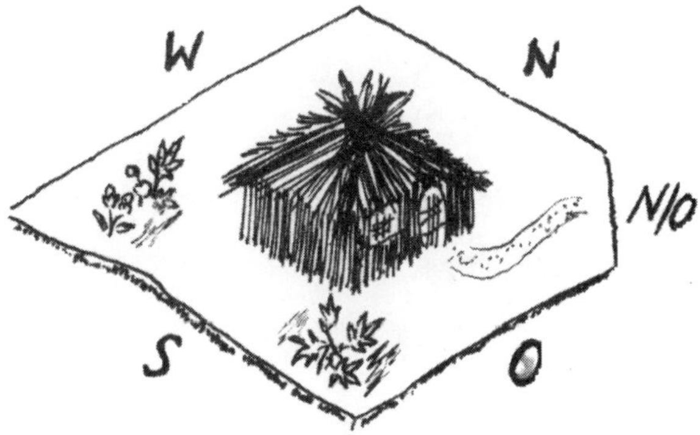


Ein Grundstück mit abgeschnittenem Nordosten gilt nicht als glückverheißend. Gerade die Energien aus dieser Richtung sind für die Bewohner unabkömmlich. Man sollte versuchen, das Grundstück entsprechend zu ergänzen oder so zu verkleinern, daß es einen vollständigen Nordosten besitzt.

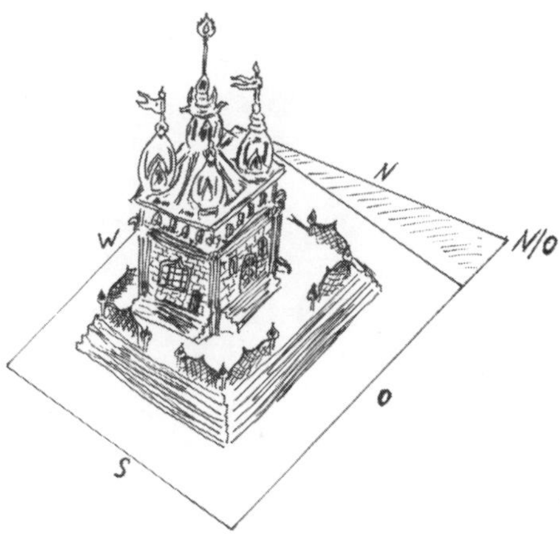


Erweiterungen des Grundstückes sind mit Ausnahme des Nordostens nicht gut.

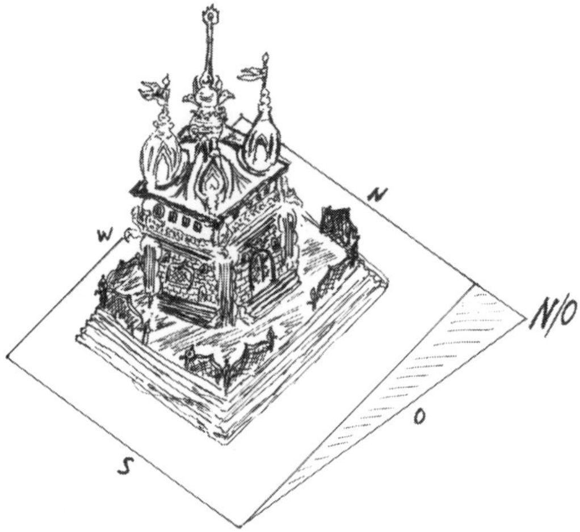


Ist der Nordosten erweitert, so wird das Projekt mit Wohlstand und Reichtum gesegnet.

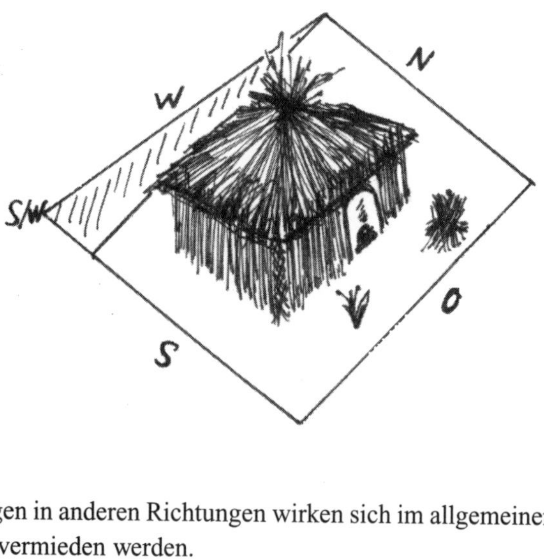


Erweiterungen in anderen Richtungen wirken sich im allgemeinen negativ aus und sollten vermieden werden.

Unregelmäßige Erweiterungen sollten mit Hilfe von Zäunen oder Hecken abgetrennt werden, um eine regelmäßige rechteckige Form zu erhalten.

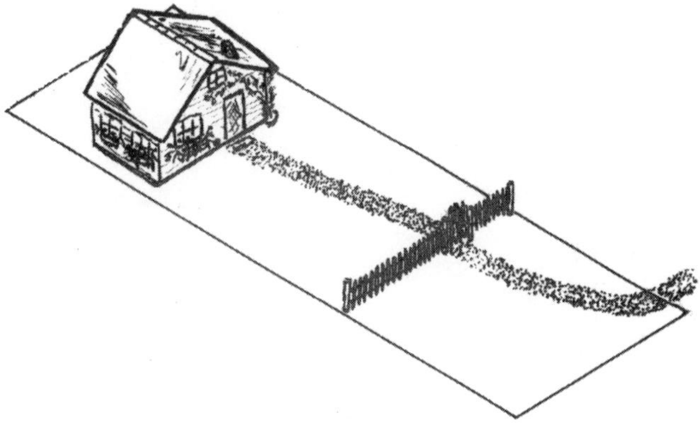

Ist ein Grundstück zu lang, so daß das Verhältnis von 2 zu 1 überschritten wird, so kann es ebenfalls mit Hilfe eines Zaunes oder einer Hecke in zwei Teile gegliedert werden, die unterschiedliche Funktionen erfüllen. So kann beispielsweise der eine Teil als Garten genutzt werden.

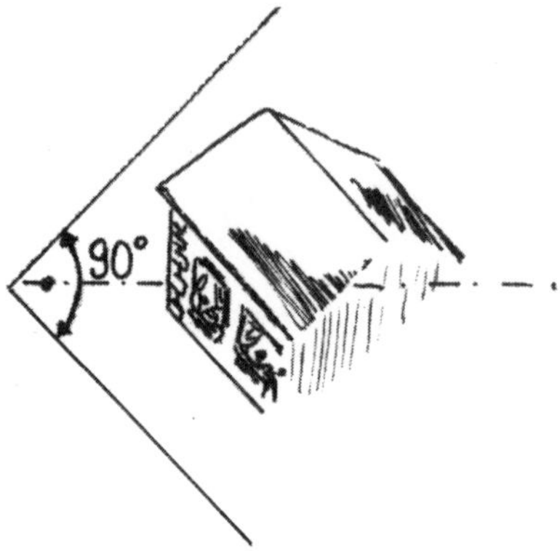


Im Südwesten sollte das Grundstück einen rechten Winkel aufweisen. Falls im Südwesten des Grundstücks oder des Hauses größere Veränderungen vorgenommen werden, sollte der Besitzer möglichst anwesend sein. Diese Richtung ist eng mit dem Schicksal des Besitzers oder Eigentümers verbunden. Er sollte zu solch einer Zeit keine größeren Reisen unternehmen.

Haustiere und Ställe haben ihren Platz im Nordwesten des Hauses.

Kinderspielplatz und Sandkasten können ebenfalls im Nordwesten des Grundstücks liegen.

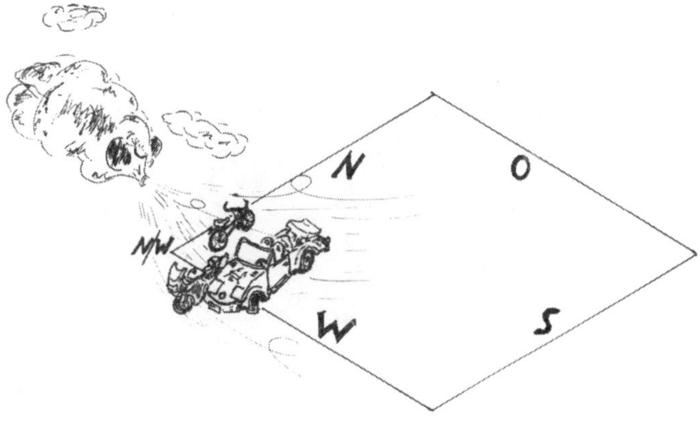


Der Nordwesten ist dem Luftelement zugeordnet und fördert Bewegung und Austausch. Er eignet sich daher sehr gut für Garage, Autos, Fahrräder usw.

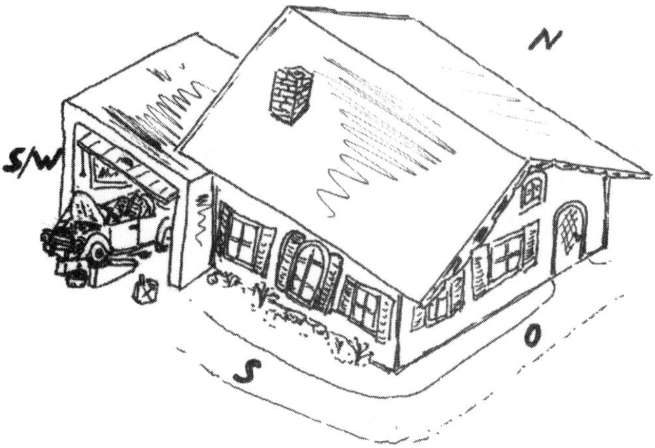


Autos im Südwesten springen schlecht an und kommen häufig nicht aus der Garage heraus. Daher sollten dort möglichst weder Garage noch Parkplatz errichtet werden. Ihr idealer Ort ist der Nordwesten.

Straßen auf allen vier Seiten des Grundstückes gelten als sehr glückverheißend.

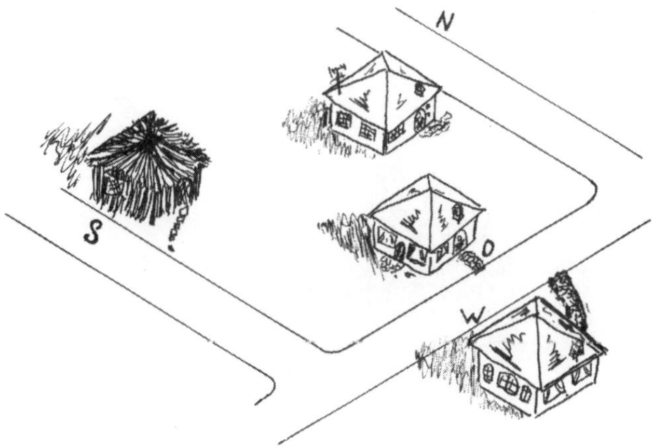


Eine Straße im Süden des Grundstücks ist nicht ideal, während Straßen in den übrigen Himmelsrichtungen vorteilhaft sind.

Häuser sollten nicht an einer Straßengabelung oder an einer T-Kreuzung liegen. Im Vastuvidya heißt es, daß in solchen Häusern alles entzwei geht.

Im Falle eines Hauses mit südlicher Straßenlage sollte der Eingang am besten in den Osten des Hauses verlegt werden und die Straßenseite des Grundstücks möglichst geschlossen sein.

# Eingänge und Fenster

Der Haupteingang liegt am besten im Norden oder Osten eines Gebäudes, während er im Süden zu vermeiden ist. Vastuvidya bevorzugt den Osten als den idealen Ort für den Haupteingang, denn dort finden vor allem die positiven Energien der aufgehenden Sonne Einlaß.

Läßt sich der Haupteingang im Süden nicht vermeiden, so sollte er in der Mitte des Hauses liegen. In den anderen Himmelsrichtungen sollten die Eingänge nicht direkt in der Mitte plaziert sein.

Befindet sich der Haupteingang im Süden, so sollte man versuchen, ihn in den Osten oder Norden zu verlegen. Dadurch beeinflußt man unter Umständen sein eigenes Schicksal ganz erheblich. Durch den Südeingang gelangen negative Einflüsse in das Haus.

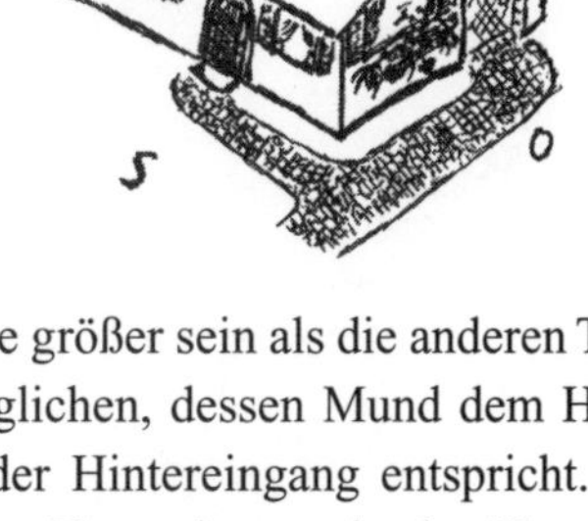


Der Haupteingang sollte größer sein als die anderen Türen. Ein Haus wird mit einem Organismus verglichen, dessen Mund dem Haupteingang und dessen After dem Ausgang oder Hintereingang entspricht. Die Energien gelangen hauptsächlich durch den Haupteingang in das Haus, verteilen sich dann im Haus, werden verdaut und schließlich wieder durch den Hintereingang bzw. Ausgang ausgeschieden. Die positiven Aspekte der Energie verbleiben zum Nutzen der Bewohner und des Hauses im Gebäude. Daher sollte der Haupteingang groß sein und der Hinter- bzw. Nebeneingang kleiner.

Läßt sich der Haupteingang aus dem Süden nicht verlegen, so kann man rechts davon einen Elefanten plazieren (von innen gesehen), der die negativen Einflüsse fernhält.

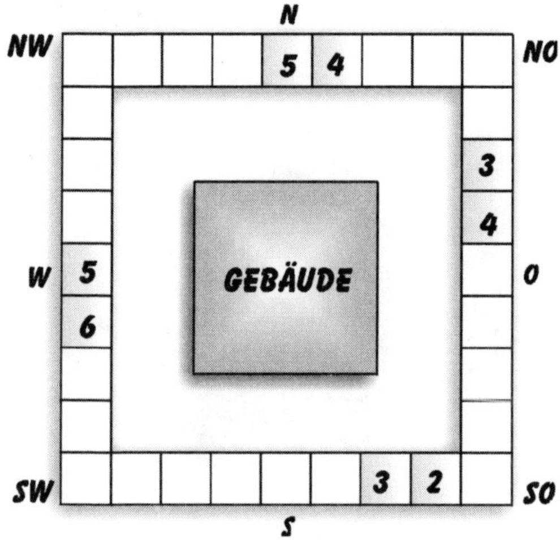


Dieses Diagramm zeigt die glückverheißenden Orte für den Haupteingang für den Fall, daß das Haus parallel zu den Haupthimmelsrichtungen liegt.

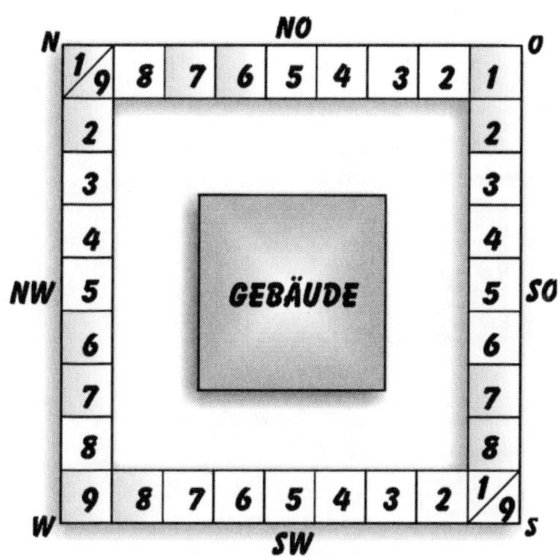


Dieses Diagramm zeigt die glückverheißenden Orte des Haupteingangs für den Fall, daß das Haus diagonal zu den Haupthimmelsrichtungen liegt.

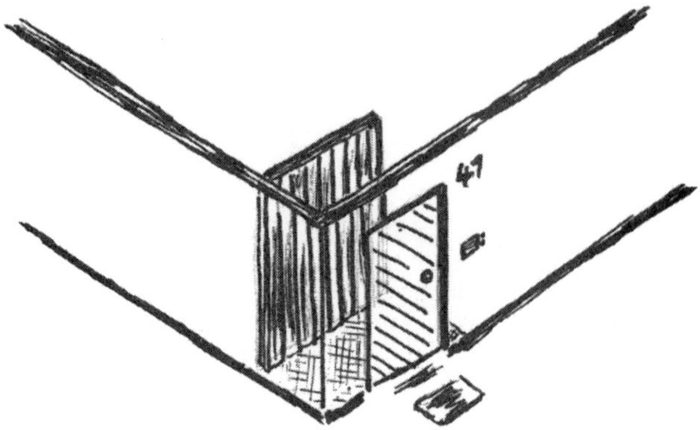


Haupteingang im Osten des Südostens oder Süden des Südwestens ist unvorteilhaft. Dieser Fall kann jedoch korrigiert werden, indem man ca. 90 cm hinter der Tür eine etwa 180 cm hohe Holzwand aufstellt, so daß man um 90° versetzt in das Haus eintritt.

Vastuvidya empfiehlt, daß Türen doppelt oder dreimal so hoch wie breit sein sollten.

Über oder auf dem Haupteingang sollten glückverheißende Zeichen wie das Om, oder andere Symbole angebracht werden. Dadurch werden positive Energien angezogen und negative Einflüsse abgehalten.

Hindernisse vor dem Haupteingang haben einen schlechten Einfluß. Dort sollten sich keine hohen Pfähle, Masten oder Laternen befinden.

Solche Hindernisse vor dem Haupteingang erzeugen Spannungen zwischen Mann und Frau.

Es sollte kein Müll vor dem Haupteingang liegen. Ebenso ist es ungünstig, einen Schrottplatz, eine Mülltonne, ein baufälliges Haus oder ähnliche Dinge gegenüber dem Haupteingang vorzufinden.

Für den Haupteingang eignen sich besonders Türen mit zwei Flügeln.

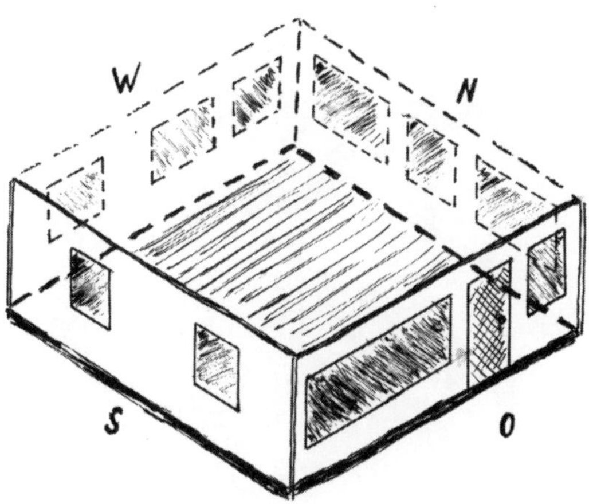


Man kann so viele Fenster im Haus in allen Richtungen anbringen, wie man möchte. Die Gesamtfläche der Fenster im Norden und Osten zusammengenommen sollte jedoch größer sein als im Süden und Westen. Die Anzahl der Fenster und Türen sollte möglichst ungerade sein.

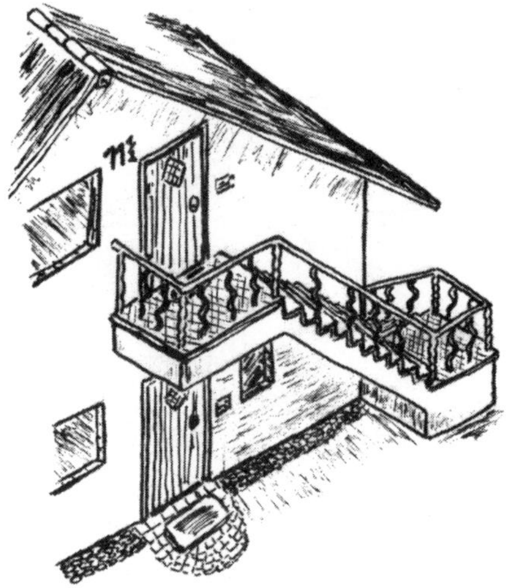

Die Lage der Fenster und Türen in den oberen Stockwerken sollte mit der in den unteren Stockwerken übereinstimmen.

Das Erdgeschoß sollte mindestens 90 cm Abstand zum Erdboden besitzen.

Einander gegenüberliegende Türen sollten möglichst vermieden werden.

# Die Aufteilung des Grundrisses in neun Segmente

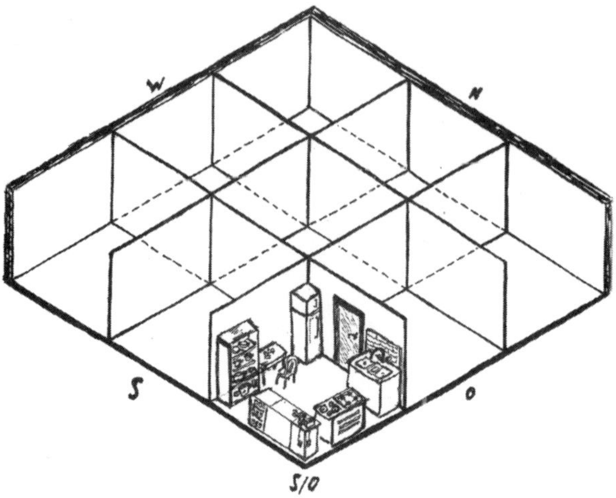


Im Südosten sollte die Küche eingerichtet werden. Der Süden des Ostens eignet sich sehr gut, um einen an die Küche angrenzenden Raum zur Verarbeitung von Milchprodukten zu Butter oder Yoghurt einzurichten, jedoch nicht als Speiseraum. Der Speiseraum wird am besten im Westen eingerichtet, selbst wenn der Weg zur Küche dadurch etwas länger wird.

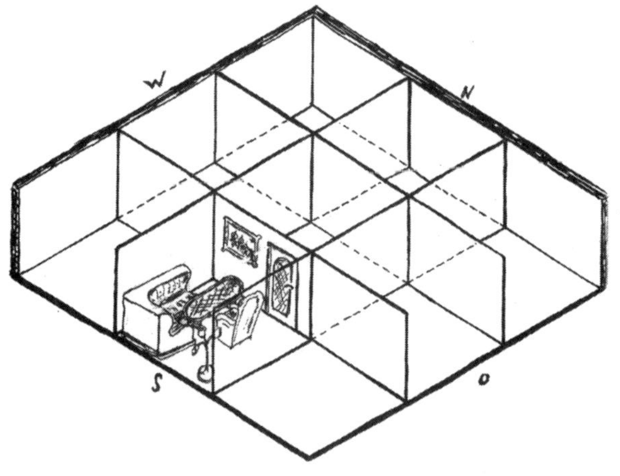


Der Süden kann als Salon, als Speicher oder als Schlafzimmer genutzt werden.

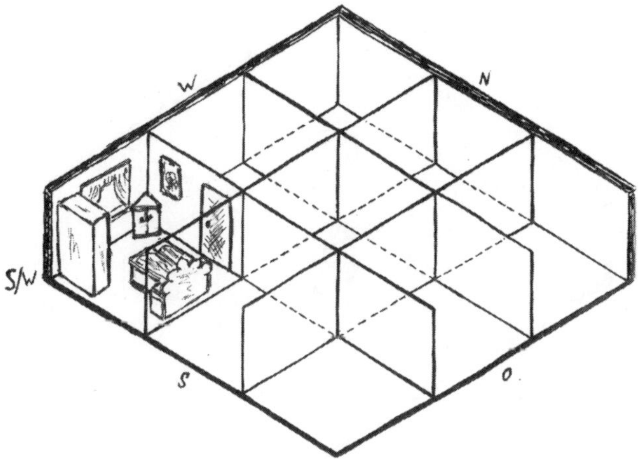


Im Südwesten sollten „gewichtige“ Dinge plaziert werden. Dazu gehören schwere Gegenstände und das Schlafzimmer des Familienoberhauptes oder der Eltern. Auch für die Rumpelkammer oder den Abstellraum ist er der geeignete Platz.

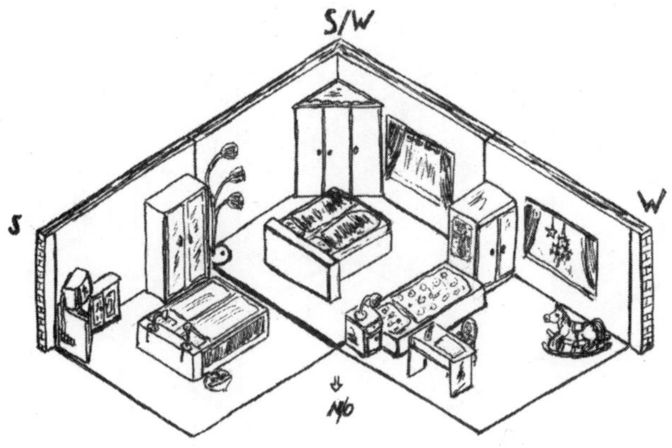


Der Bereich zwischen Süden und Westen eignet sich sehr gut zum Schlafen. Der Südwesten ist gut für das Familienoberhaupt bzw. die Eltern, während Kinder am besten im Westen schlafen. Der Süden ist für alle Arten von Schlafzimmern geeignet.

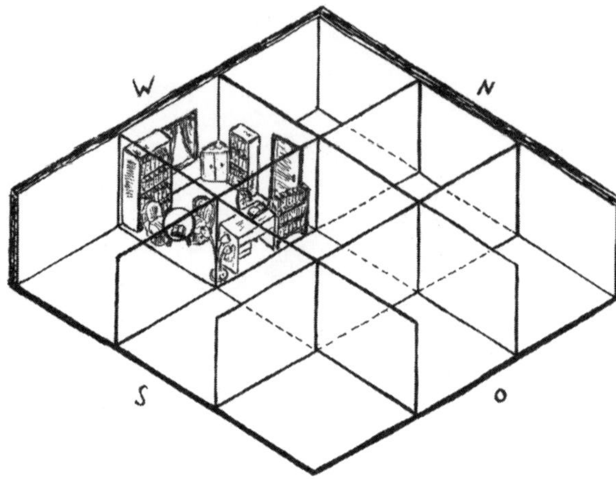


Der Westen kann als Speise- oder Studierzimmer genutzt werden. Er fördert Kreativität, Bildung und künstlerische Aktivitäten, die Richtung Osten ausgeführt werden sollten. Der Westen ist daher auch der geeignete Ort für ein Atelier.

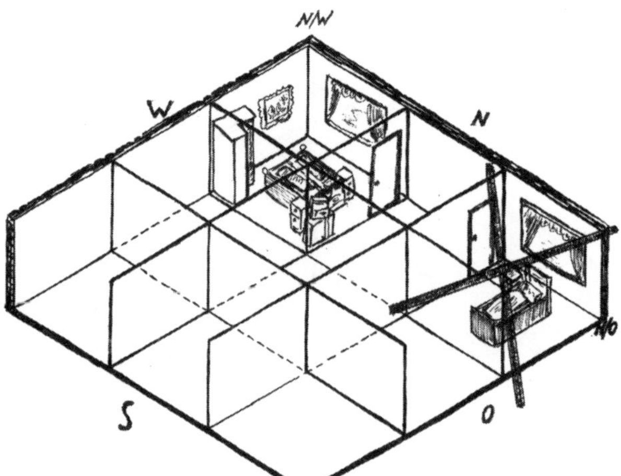


Im Nordwesten sollten nur Gäste schlafen, während der Nordosten zum Schlafen überhaupt nicht geeignet ist. Die Gästebetten sollten mit dem Kopfende Richtung Westen zeigen.

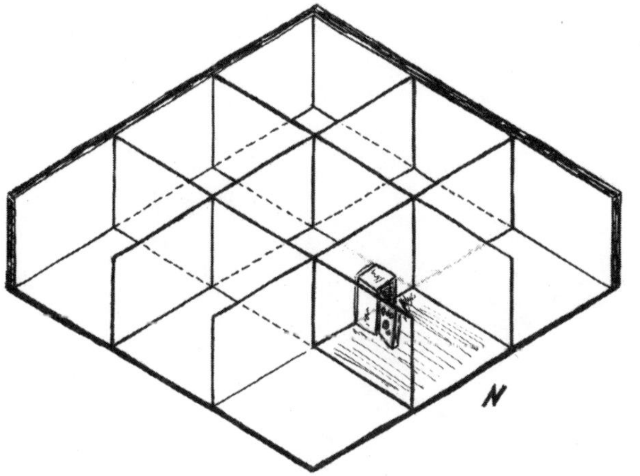


Der Norden eignet sich sehr gut, um Reichtümer aufzubewahren oder den Safe aufzustellen. Der Safe sollte im nördlichsten Zimmer an der Südwand stehen und sich Richtung Norden öffnen.

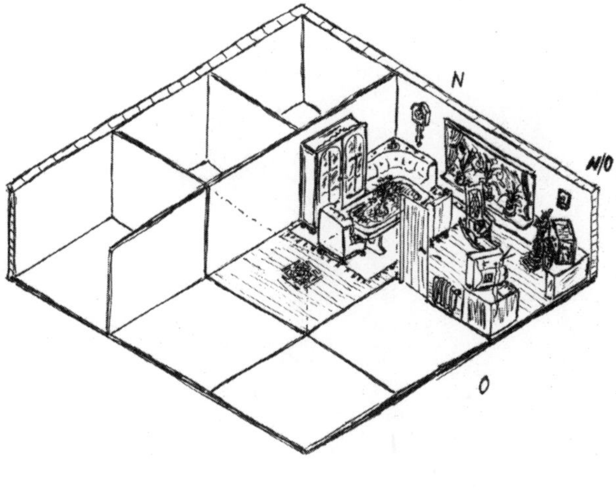


Der Norden und der Nordosten eignen sich sehr gut für ein Wohnzimmer. Es kann mit dem mittleren Bereich des Hauses, dem Brahmasthana, verbunden werden. Dort sollten keine schweren Möbel aufgestellt werden. Ein Brahmastahana, das wie ein Lichthof nach oben geöffnet ist, läßt viel Licht in den Wohnbereich herein.

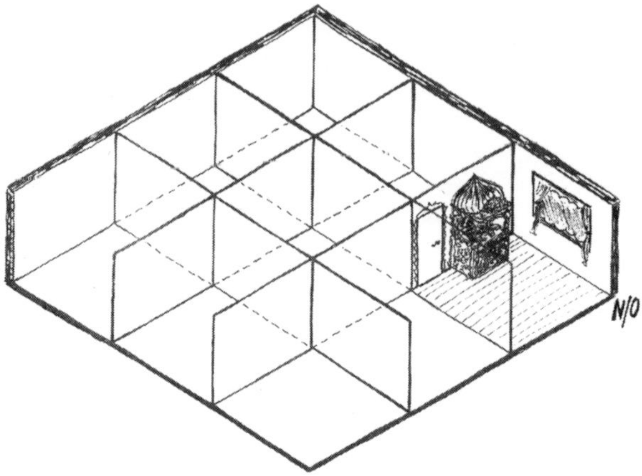


Der Nordosten eignet sich besonders für den Tempel-, Meditations- oder Altarraum. Der Altar sollte im Osten oder Westen aufgestellt werden, so daß die Besucher ihre Gebete und ihre Verehrung in Richtung Osten oder Westen darbringen.

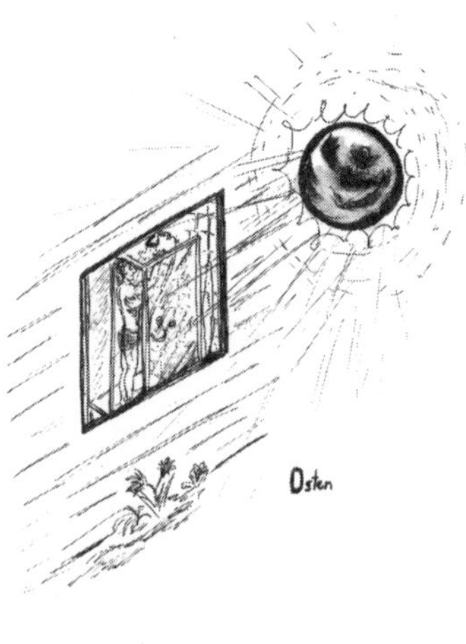


Ein Badezimmer mit Fenster im Osten nutzt beim morgendlichen Bad die Strahlen der frühen Morgensonne.

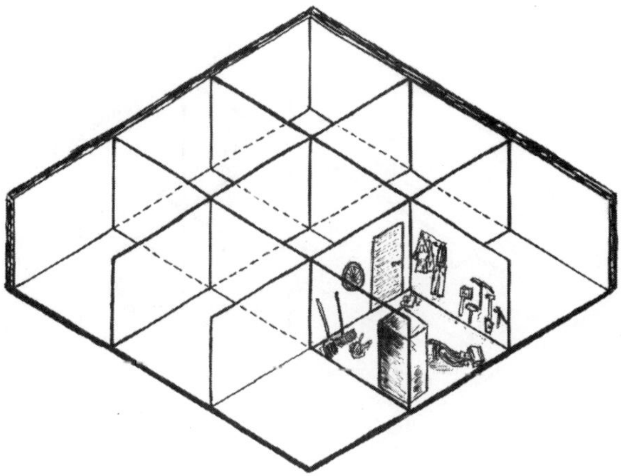

Eine Abstellkammer im Osten schadet der Gesundheit des Eigentümers.

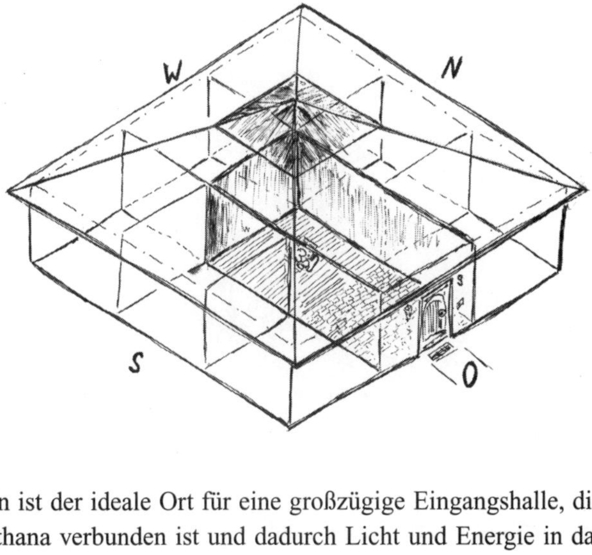


Der Osten ist der ideale Ort für eine großzügige Eingangshalle, die mit dem Brahmasthana verbunden ist und dadurch Licht und Energie in das gesamte Haus fließen läßt.

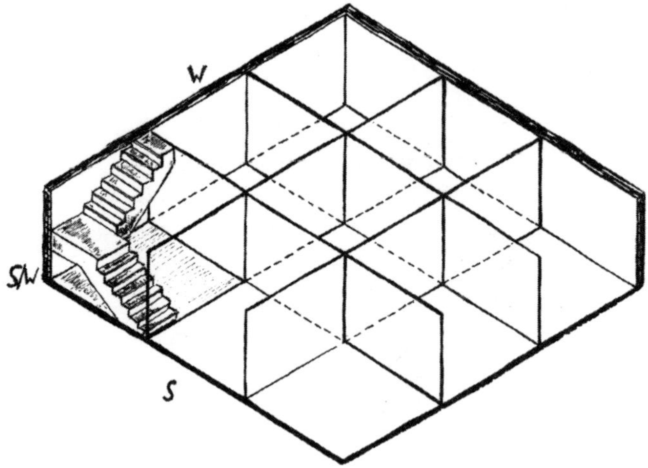


Ein Treppenhaus sollte sich möglichst weit im Süden und Westen befinden.Die südwestliche Ecke sollte dabei jedoch ausgespart werden, da ein Treppenhaus mit viel Bewegung verbunden ist. Dadurch werden die Energien des Südwestens gestört. Die oberste Treppenstufe sollte möglichst in Richtung Süden oder Westen weisen. DieTreppe in dieser Zeichnung weist somit einige Mängel auf.

Der Anzahl der Treppen oder Stufen sollte ungerade sein.

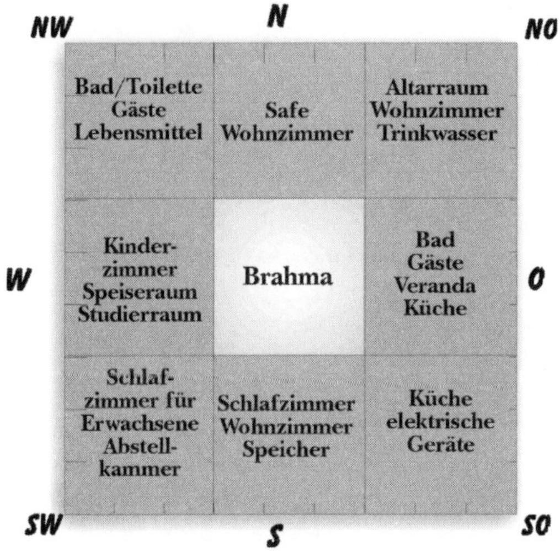


Zusammenfassender Überblick über die neun Quadranten des Hauses und ihre potentielle Nutzung.

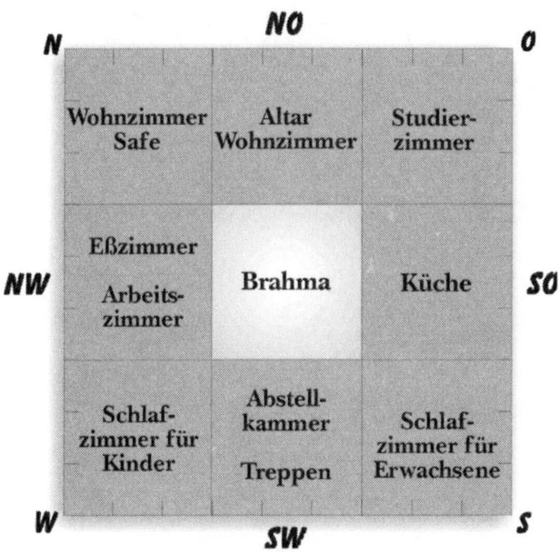


Die neun Segmente für den Fall, daß die Hauptrichtungen in den Ecken des Hauses liegen.

# Der Einfluß der Planeten auf Haus und Mensch

Astrologie und Vastuvidya sind zwei verwandte Wissenschaften

Um genau festzulegen oder zu bewerten, wie die Räume in Beziehung zueinander angeordnet sind, kann man sich den planetaren Einflüssen auf Haus und Grundstück zuwenden. Die Planeten senden feinstoffliche Schwingungen aus, die alles beeinflussen, was sich zu einem bestimmten Zeitpunkt bildet oder verändert. Sie verkörpern die Urkräfte des Universums, die sich in jedem natürlichen oder vom Menschen geschaffenen System manifestieren. Da das Haus ein geschaffener Mikrokosmos ist, der die Energien des Universums abbildet, finden sich in ihm auch die Wirkungen aller Planeten wieder. Eine bestimmte Anordnung der Räume in Beziehung zu den Himmelsrichtungen kann daher die Planeteneinflüsse im Horoskop eines Menschen verstärken oder ihnen entgegenwirken.

Einerseits ist jede Himmelsrichtung einem Planeten zugeordnet und andererseits steht jeder Raum, wie z.B. die Küche oder das Bad, unter der Herrschaft bestimmter Planeten. Hieraus ergibt sich bereits eine grobe Zuordnung der einzelnen Räume zu den Himmelsrichtungen eines Hauses. Weiterhin entsprechen auch Türen, Fenster und andere Aspekte, wie Risse in den Wänden oder zu viel Dunkelheit der Räume, den einzelnen Planeten, so daß aus dem Wissen, wie die Planeten miteinander wechselwirken, viel über die Wirkung bestimmter Eigenschaften eines Hauses ausgesagt werden kann. Sehr wertvoll ist dieses Wissen vor allem bei der Planung eines Grundrisses. Mit seiner Hilfe läßt sich bestimmen, welche Räume, bzw. welche Eigenschaften und Aspekte eines Hauses oder Raumes zueinander passen und welche man auseinander halten sollte.

Weiterhin spielt die Astrologie im Vastuvidya bei der Bestimmung des richtigen Zeitpunktes für bestimmte Tätigkeiten eine sehr wichtige Rolle. Entscheidend für die Zukunft eines Bauvorhabens, sei es eine geplante Siedlung oder ein einfaches Haus, ist die Wahl eines astrologisch günstigen Baubeginns. Hierbei sind so viele verschiedene Faktoren zu berücksichtigen, daß man sich für die Berechnung des geeigneten Zeitpunktes für den ersten Spatenstich einen geschulten und erfahrenen Astrologen suchen sollte. Vastuvidya ist die vollkommene Koordination von Raum und Zeit, um ein bestimmtes Ergebnis zu erzielen.

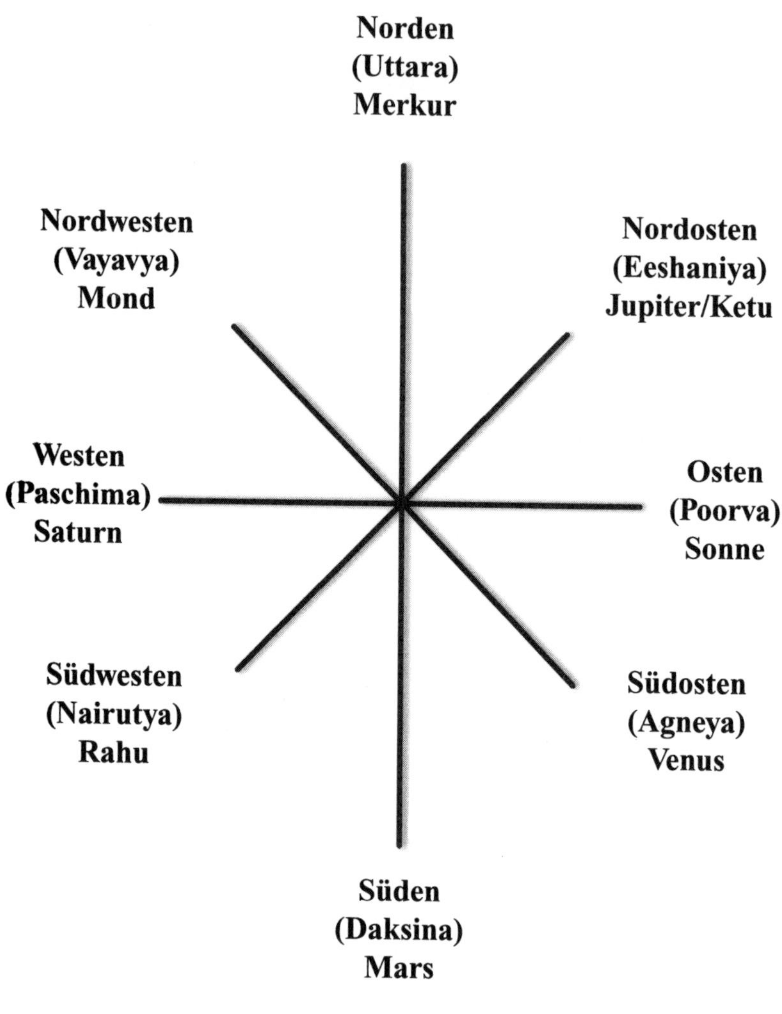


Wenn die Sonne untergeht, wächst der Einfluß der Planeten. Jeder Planet beherrscht eine bestimmte Himmelsrichtung. Die Zuordnung der Planeten zu den acht Himmelsrichtungen wird in diesem Diagramm zusammengefaßt.

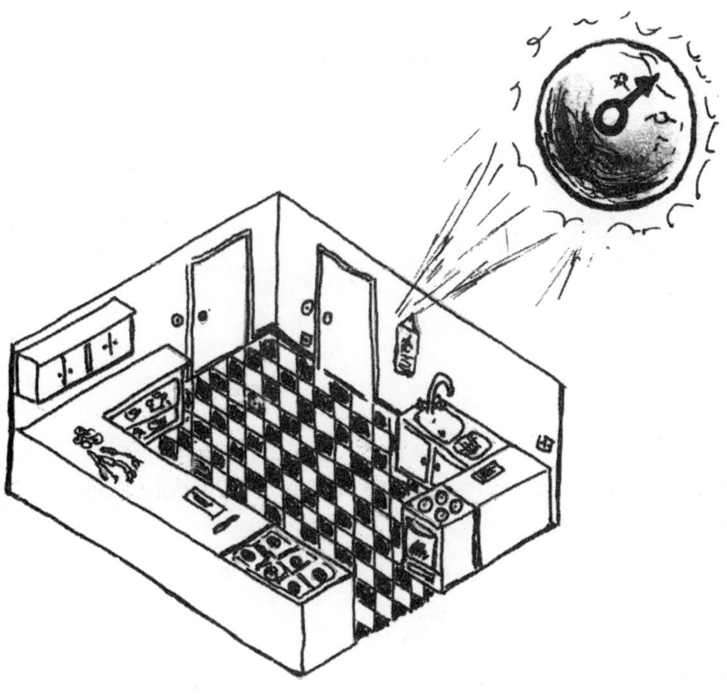

Die Planeten beherrschen ebenfalls die verschiedenen Räume des Hauses. Mars beherrscht die Küche, die vor allem durch die Wirkung des Feuerelements geprägt wird. Der Planet Mars ist ebenfalls ein feuriger Planet. Da in der Küche zumeist Frauen den Ton angeben, ist die Küche zusätzlich eng mit der Venus verbunden. Mars und Venus vertragen sich sehr gut. Da die Küche mit der Gesundheit der Menschen zusammenhängt, sollte bei der Auswahl ihres Ortes und der benachbarten Räume große Sorgfalt aufgewandt werden. Befindet sich die Küche im Südosten, kommen ihr damit die positiven Einflüsse des Feuerelements und der freundlichen Kombination von Mars und Venus zugute. Die Küche betreffende Defekte wirken sich in erster Linie auf die Frauen des Hauses aus, beeinflussen über diese jedoch auch seine männlichen Bewohner.

Der Mond beherrscht Brunnen und Bäder, da er eng mit dem Element Wasser verbunden ist. Er steht auch für den Geist und die Emotionen, die ebenfalls durch das Element Wasser stark beeinflußt werden.

Der Merkur beherrscht die Eingangshalle, Gästezimmer, Veranda und alle grünen Bereiche. Er fördert weiterhin die Intelligenz und das Studium der Menschen.

Der Saturn beherrscht den Getreidespeicher, das Eßzimmer und den Müllraum.

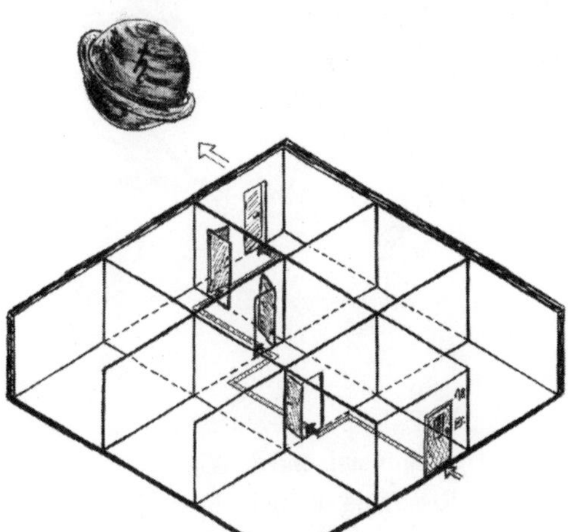

Auch der Weg vom Haupteingang durch das Haus hindurch zum Hintereingang bzw. Ausgang wird von Saturn beherrscht. Er verbindet daher Rahu und Ketu miteinander, die die Eingangs- und Hintertür beherrschen.

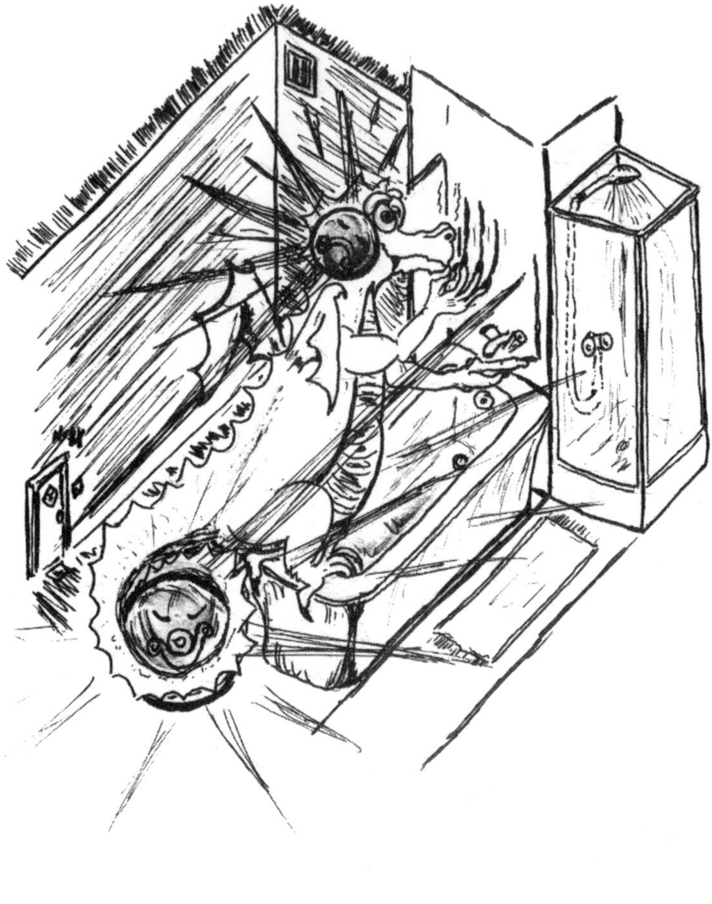

Rahu herrscht über den Haupteingang und dunkle, große Räume. Ketu beherrscht das Bad, kaputte Wände, Risse und schmale, lange Gänge. Rahu und Ketu sind Schattenplaneten, die in der westlichen Astronomie nur als Mondknoten bekannt sind. Sie sind feinstoffliche Planeten in Erdnähe, deren astrologischer Einfluß nicht unterschätzt werden darf. In der westlichen Mythologie sind sie durch die unzähligen Drachenmythen repräsentiert. Rahu ist der Kopf des Drachens und Ketu sein Schwanz und Körper.

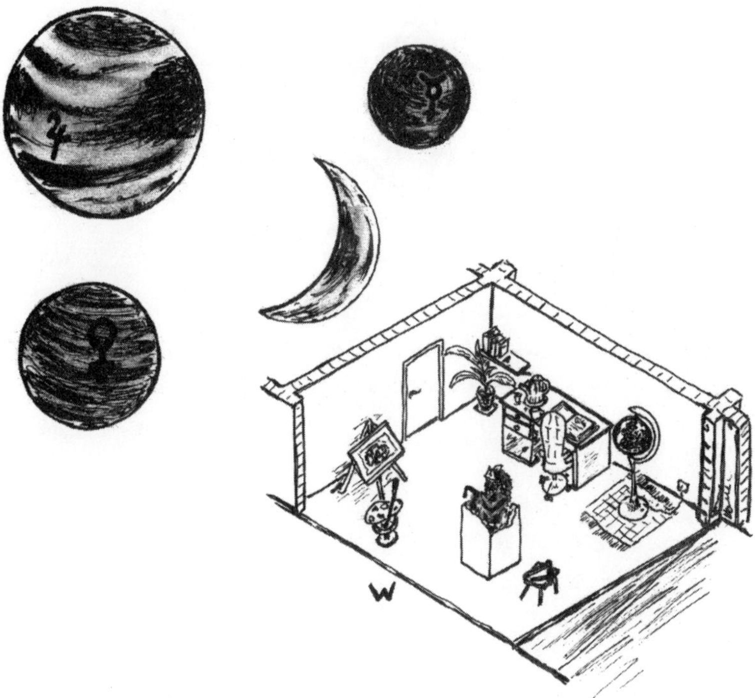


Im Westen verbinden sich die positiven Einflüsse von Merkur, Jupiter, Venus und Mond, die vor allem intellektuelle, kreative und künstlerische Tätigkeiten fördern. Daher sollte sich dort das Studierzimmer oder ein Atelier befinden.

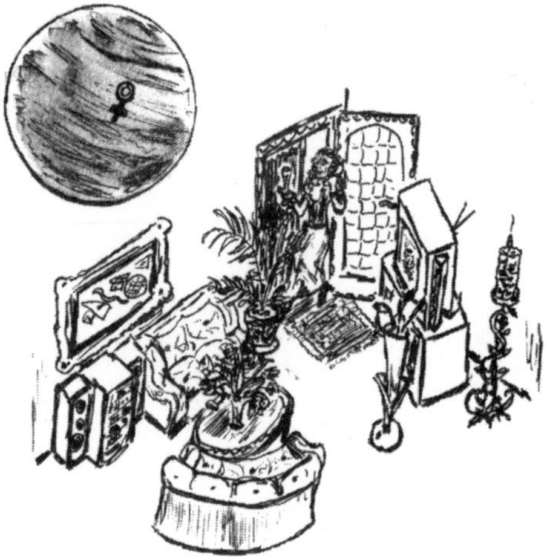

Die Venus beherrscht das Bett, den Safe, das Wohnzimmer und das Glück der Frau. Sie steht für Genuß und die angenehmen Aspekte des Lebens.

Die Sonne gebietet über den Altarraum und die Gesundheit.

Fenster links von der Eingangstür (von innen betrachtet) werden vom Mond beherrscht und stehen für das weibliche Prinzip.

Die Qualität der Räume hinter diesen Fenstern besagt etwas über die Verteilung der weiblichen und männlichen Energien im Haus. Das gleiche gilt für den Zustand der Fenster.

Sind die Mondfenster in einem schlechten Zustand oder befinden sich dahinter Räume geringerer Qualität, so wirkt sich dies auf die weiblichen Bewohner des Hauses bzw. auf die weiblichen Energien negativ aus. Das erste Fenster links von der Eingangstür repräsentiert die Mutter und das zweite die älteste Tochter.

Auch Dinge, die sich außerhalb des Hauses vor den Fenstern befinden, beeinflussen die Bewohner des Hauses entsprechend dieser Zuordnung.

Fenster rechts von der Eingangstür (von innen gesehen) entsprechen dem männlichen Prinzip und werden von der Sonne beherrscht. Ist der Zustand der Sonnenfenster schlecht, so werden dadurch die männlichen Bewohner des Hauses negativ beeinflußt. Das erste Fenster rechts neben der Tür repräsentiert den Vater und das zweite den ältesten Sohn.

# Yogas - Die Beziehung der Planeten untereinander

Die Kombination zweier Planeten wird als Yoga bezeichnet. Bestimmte Planeten vertragen sich gut, während andere Planeten einander feindlich gesinnt sind. So läßt sich herausfinden, ob bestimmte Räume miteinander harmonieren. Mars und Merkur sind sich feindlich gesinnt. Daher sollte z.B. die Küche nicht mit der Eingangshalle verbunden sein.

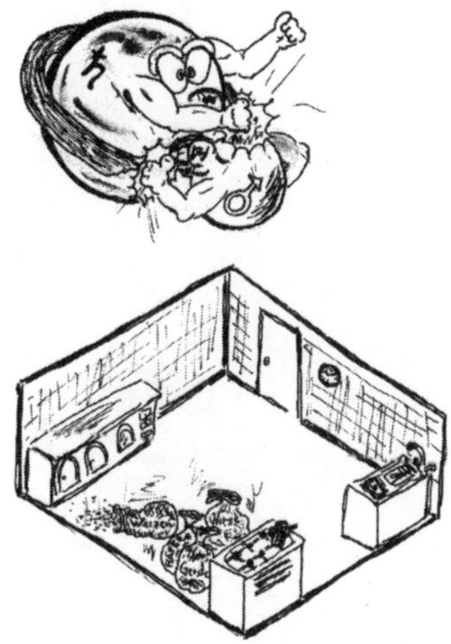

Mars und Saturn sind ebenfalls Feinde. Aus diesem Grunde sollte in der Küche kein Getreide gelagert werden.

Saturn und Venus sind Freunde. Deshalb ist es sehr gut, wenn ein Schlafzimmer mit dem Getreidelager in Verbindung steht oder sich in dessen Nähe befindet.

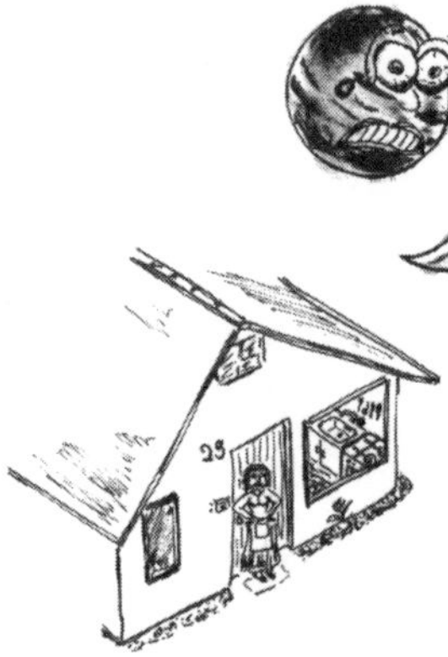

Die Energie des Mars beeinflußt den Mond negativ. Daher ist es ungünstig, hinter einem Fenster links von der Eingangstür (von innen betrachtet) die Küche zu plazieren. Dies wirkt sich negativ auf die Mutter oder die weiblichen Bewohner aus, die dann leicht zu Sturheit und Aggressivität neigen.

Sonne und Merkur vertragen sich prima. Daher ist es von großem Vorteil für die finanzielle Situation und das Wohlergehen des Hausherrn, wenn sich rechts vom Haupteingang (von innen betrachtet) die Rezeption, ein Geschäftsraum oder eine Sitzecke für Gäste befindet.

Befindet sich ein Brunnen vor dem ersten Fenster rechts von der Eingangstür, geraten Mond und Sonne miteinander in Konflikt. Als Ergebnis finden die männlichen Bewohner, insbesondere der Vater bzw. das Familienoberhaupt ihr Glück nur weit entfernt von Zuhause. Sie werden viel auf Reisen sein.

Saturn und Sonne haben als Sohn und Vater ein problematisches Verhältnis. Daher sollte sich hinter dem ersten Sonnenfenster kein Eßzimmer und keine Speisekammer befinden. Sonst könnte der Familienvater nämlich die Tendenz zur Faulheit bzw. Trägheit entwickeln.

Eine Laterne oder ein Mast vor dem ersten Mondfenster (erstes Fenster links von der Eingangstür von innen betrachtet) mag zu Streit zwischen Mann und Frau führen.

Befindet sich das Schlafzimmer direkt hinter einem Fenster rechts von der Haupteingangstür (von innen betrachtet), so könnten Geburtsprobleme die Folge sein. Die Sonne beherrscht das rechte Fenster und verträgt sich nicht mit der Venus, die das Schlafzimmer beherrscht.

Mars und Mond verhalten sich wie streitbare Brüder. Daher sollte sich vor dem Fenster der Küche, die Mars untersteht, kein Brunnen befinden, der vom Mond beherrscht wird. In diesem Fall verstärkt sich die Tendenz für einen Bruderstreit.

Ebensowenig vertragen sich Merkur und Mond, so daß ein Brunnen vor der Haustür ebenfalls zu Problemen führt.

Ist die Küche, die von Mars beherrscht wird, überproportional groß oder sehr dunkel, so kommt es zu einem Konflikt zwischen Mars und Rahu. Hierdurch mag große Gefahr heraufbeschworen werden.

Reichtum wird von der Venus und Getreide vom Saturn beherrscht. Da sich Venus und Saturn sehr freundlich gesonnen sind, führt die Kombination von Nahrungsmitteln und Reichtum in einem Raum zu guten Geschäften.

Wird Geld im Schlafzimmer aufbewahrt, kann man ebenfalls mit günstigen Einflüssen der Planeten rechnen.

Die Kombination von Ketu und Sonne bringt Segnungen für die Bewohner des Hauses. Daher ist es sehr glückverheißend, wenn sich das Bad hinter dem ersten Fenster rechts von der Eingangstür befindet, das von der Sonne beherrscht wird.

Wasser (Mond) im Schlafzimmer (Venus) führt aufgrund der Feindschaft dieser beiden Planeten zu Verlust von Reichtum.

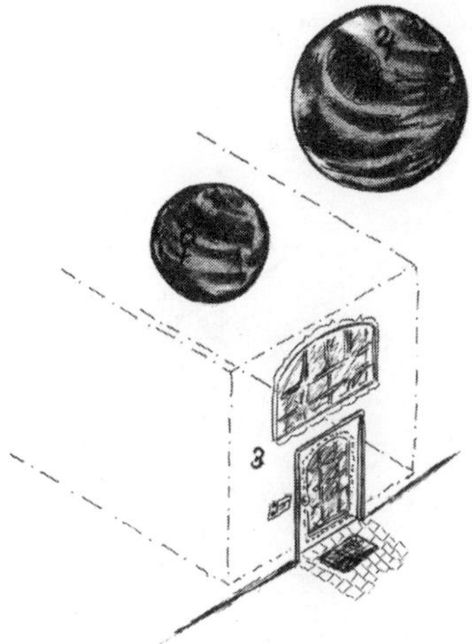

Eine große, lichte Eingangshalle vereint die positiven Einflüsse von Jupiter und Merkur miteinander und führt zu guten Ergebnissen.

Ist die Eingangshalle jedoch groß und dunkel, so treffen Merkur und Rahu aufeinander, wodurch Gefahren und negative Einflüsse auf das Haus und seine Bewohner entstehen können. Eine solche Eingangshalle sollte unbedingt mit Licht erfüllt werden.

Rahu beherrscht den Haupteingang und Ketu den Ausgang bzw. Hintereingang. Sind beide gleich groß, besteht die Tendenz, daß Verdienste gleich wieder verloren gehen. Was verdient wird, wird schnell wieder ausgegeben.

Ein überproportional großes Getreidelager führt aufgrund der problematischen Beziehung zwischen Rahu und Saturn zu verstecktem Reichtum, der Feinde anziehen könnte.

| Planet | Freunde | Neutrale | Feinde |
|---|---|---|---|
| Sonne | Mond, Mars, Jupiter | Merkur | Venus, Saturn |
| Mond | Sonne, Merkur, Venus, Saturn | Mars, Jupiter | |
| Mars | Sonne, Mond, Jupiter | Venus, Saturn, Merkur | |
| Merkur | Sonne, Venus | Mars, Jupiter, Saturn | Mond |
| Jupiter | Sonne, Mond, Mars | Saturn | Merkur, Venus |
| Venus | Merkur, Saturn | Mars, Jupiter | Sonne, Mond |
| Saturn | Merkur, Venus | Jupiter | Sonne, Mond, Mars |
| Rahu, Ketu | Merkur, Venus, Saturn | Mars | Sonne, Mond, Jupiter |

Diese Tabelle faßt die Beziehungen der Planeten untereinander zusammen. In Verbindung mit der Zuordnung der Planeten zu Aspekten des Hauses und den Himmelsrichtungen ist dieses Wissen von großem Wert.

| Planet | Beherrschter Bereich |
|---|---|
| Sonne | Altarraum, Gesundheit, rechte Fenster |
| Mond | Brunnen, Bäder, Kuhstall, Reisen, linke Fenster |
| Mars | Küche |
| Merkur | Eingangshalle, Gäste, Veranda, grüne Bereiche, Büro |
| Jupiter | Altarraum, Safe, spirituelle Befreiung |
| Venus | Bett, Sofa, Wohnzimmer, Glück der Frau |
| Saturn | Getreidespeicher, Eßzimmer, Müllraum, Hunger |
| Rahu | Haupteingang, dunkle und große Räume, große Türen |
| Ketu | Bad, kaputte Wände, Risse, Ausgang, kleine Türen, äußere Befreiung |

Diese Tabelle weist den Planeten die jeweiligen Bereiche im Haus zu, die von ihnen beherrscht werden.

# Die Einrichtung eines Hauses

Feuer und Wasser reagieren sehr impulsiv miteinander. Sie sollten daher räumlich voneinander getrennt werden.

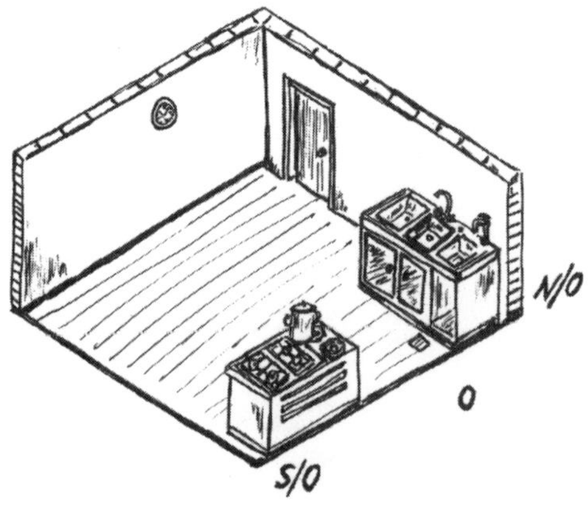


In der Küche gehört die Kochstelle in den Südosten und das Wasser in den Nordosten. Das Abwasser sollte in Richtung Nordosten abfließen. Daher sollte auch das Bodengefälle der Küche in Richtung Nordosten verlaufen. Der Abfluß des Bodens befindet sich daher am besten ebenfalls in dieser Richtung.

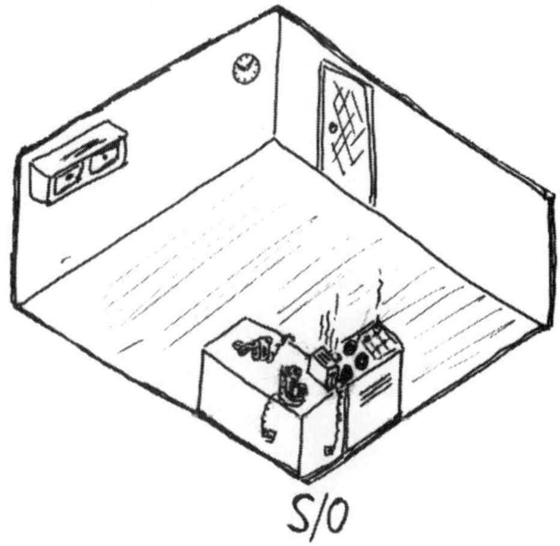


Der Südosten ist für alle Dinge der richtige Ort, die mit dem Element Feuer in Zusammenhang stehen wie die Heizung, elektrische Geräte, der Kamin oder das Opferfeuer.

Waschbecken sollten generell im Norden oder Osten eines Raumes installiert werden.

Die Veden empfehlen, kein Fleisch zuzubereiten oder zu essen, um anderen Lebewesen kein Leid zuzufügen. Tiere haben ebenso ein Recht zu leben wie die Menschen. Dem Menschen steht eine große Auswahl an Gemüse, Früchten, Getreide und anderen vegetarischen Lebensmitteln zu Verfügung.

Der Herd sollte sich nicht direkt gegenüber der Küchentür befinden. Diese Situation ist sehr gefährlich und kann sogar zu Explosionen in der Küche führen.

Die Küche sollte möglichst nicht direkt an die Toilette angrenzen. Oberhalb der Küche sollte sich ebenfalls keine Toilette befinden. Solche Installationen findet man relativ häufig, da die Architekten möglichst kurze Wasserleitungen erzielen möchten. Man sollte an dieser Stelle jedoch beim Bau eines Hauses nicht sparen.

Toiletten sollten möglichst nicht in Richtung Osten oder Westen installiert werden. Dieses gilt der Sonne gegenüber als respektlos.

Spiegel sollten prinzipiell an nördlichen oder östlichen Wänden hängen.

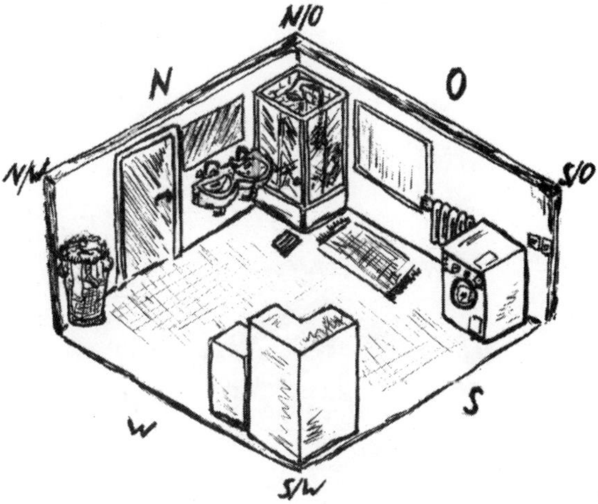


So könnte ein Bad nach Vastuvidya aussehen. Auch im Bad sind die Wasserinstallationen, wie Waschbecken und Duschen, am besten im Nordosten aufgehoben, während Heizung und elektrische Geräte (z.B. Waschmaschine) am besten im Südosten funktionieren. Schwere Schränke im Südwesten und Wäschebehälter im Nordwesten runden das Bad ab. Ein Fenster Richtung Osten ist empfehlenswert, um beim morgendlichen Bad den vollen Nutzen der aufgehenden Sonne genießen zu können.

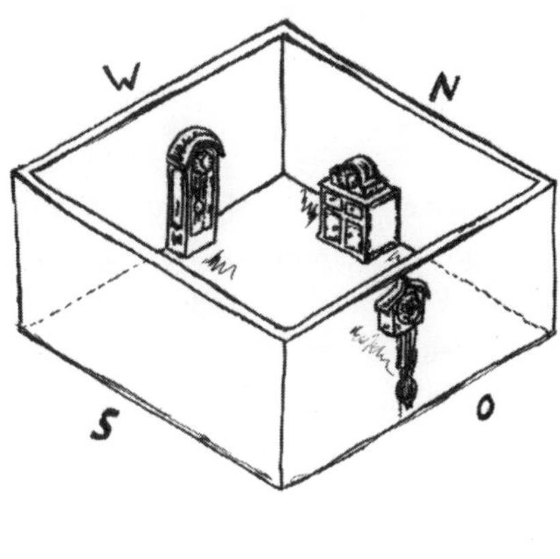


Uhren sollten nicht im Süden hängen.

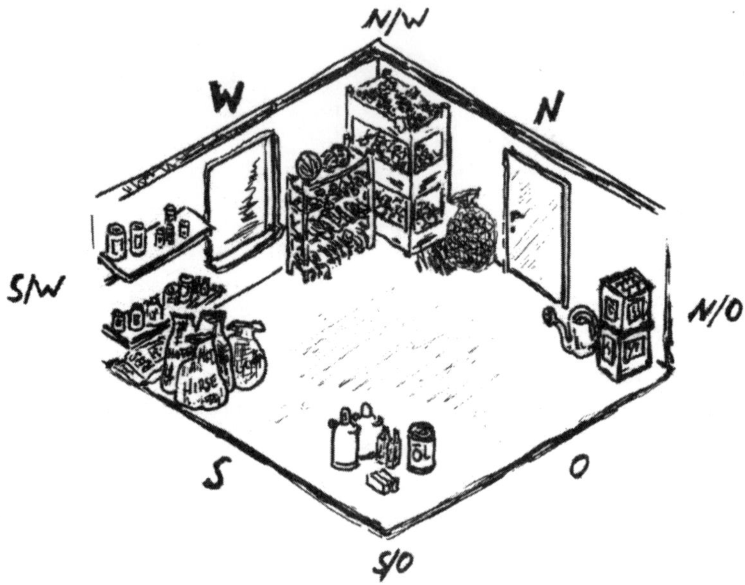


Der Lagerraum befindet sich am besten im Nordwesten mit einem Fenster im Westen. Die Jahresvorräte an Getreide und Lebensmitteln lagert man im Südwesten dieses Raumes, während die Vorräte für den täglichen Gebrauch im Nordwesten gelagert werden sollten. Es ist gut, darauf zu achten, daß die Gefäße für die Lebensmittel nicht vollständig geleert, sondern rechtzeitig nachgefüllt werden. Dadurch ist ein ununterbrochener Energiefluß gewährleistet. Trinkwasser hat seinen idealen Ort im Nordosten des Vorratsraums, während brennbare Materialien, Öle und Gasflaschen für die Küche am sichersten im Südosten aufbewahrt werden.

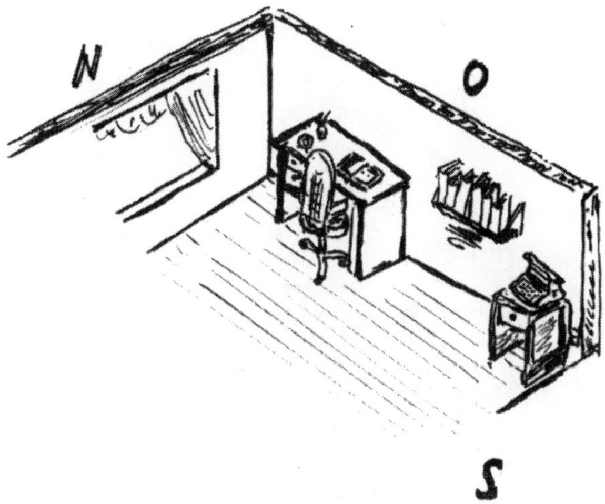


Im Studierzimmer sollte der Schreibtisch Richtung Osten weisen. Wissenschaftliche Untersuchungen haben ergeben, daß das menschliche Gehirn am besten arbeitet, wenn der Kopf mit den Augen Richtung Osten oder Richtung Norden weist. In den übrigen Himmelsrichtungen sind die neuronalen Funktionen durch vielfältige Einflüsse gestört.

Medizin wirkt am besten, wenn Sie im Nordosten aufbewahrt wird.

Kranke bringt man am besten im Südwesten oder im Nordwesten unter.

Glückverheißende Bilder mit spirituellen Motiven können die Energien des Hauses positiv beeinflussen und negative Planeteneinflüsse neutralisieren.

**Man sollte** keine unglückverheißenden Bilder im Haus aufhängen, da sie **als Angriffspunkte** für negative Einflüsse und Energien fungieren können.

**Bilder** von Vorfahren und Ahnen hängen am besten im Südwesten des Hauses bzw. im Südwesten eines Raumes.

Man sollte mit dem Kopf nicht in Richtung Norden schlafen, während die anderen drei Himmelsrichtungen unterschiedliche positive Ergebnisse bieten. In Richtung Osten zu schlafen fördert die spirituelle Entwicklung, während der Süden Gesundheit und Wohlbefinden fördert. Der Westen wirkt sich als Schlafrichtung förderlich auf Ruhm, Wohlstand und Reichtum aus.

# Vastuvidya für Fabriken und kommerzielle Gebäude

Parkplätze befinden sich am besten im Norden oder Osten eines Geschäftshauses.

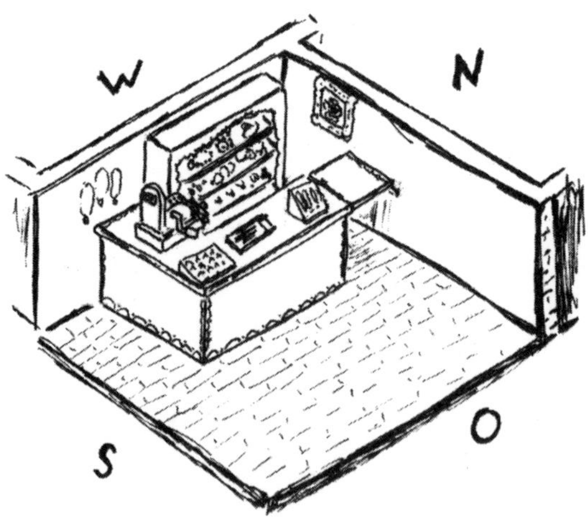


Ein Verkaufstresen sollte möglichst Richtung Osten ausgerichtet sein, so daß der Verkäufer in Richtung Osten schaut.

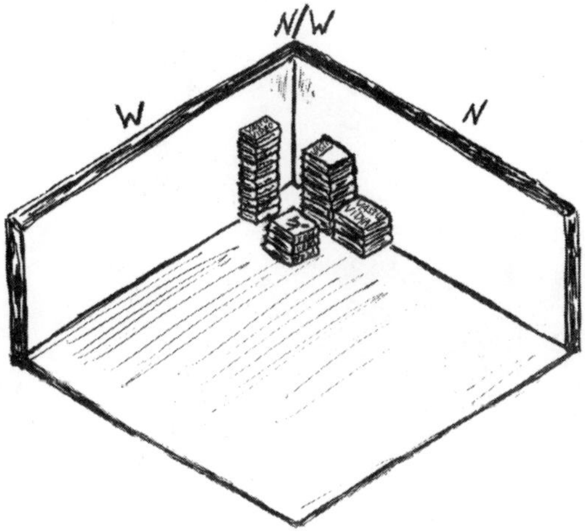


Dinge, die man schnell verkaufen möchte, sollten im Nordwesten gelagert werden.

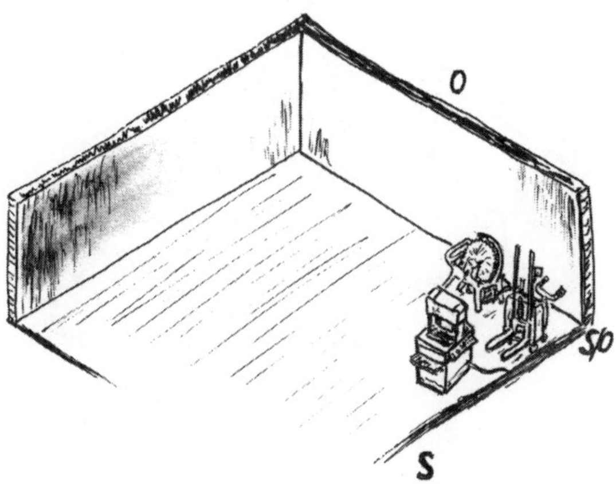


Elektrische Geräte und Maschinen gehören in den Südosten.

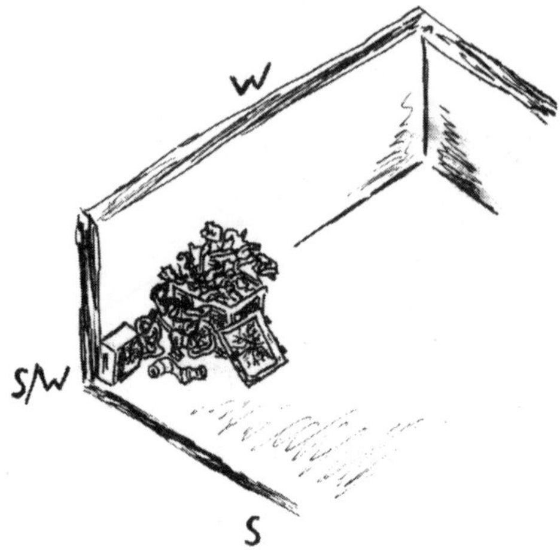


Abstell- und Schrottplätze gehören in den Südwesten.

Das Chefbüro und Management sollte sich im Südwesten befinden. Der Besitzer sollte in Richtung Norden oder Osten arbeiten.

Im Südwesten sollte sich kein Wasser befinden.

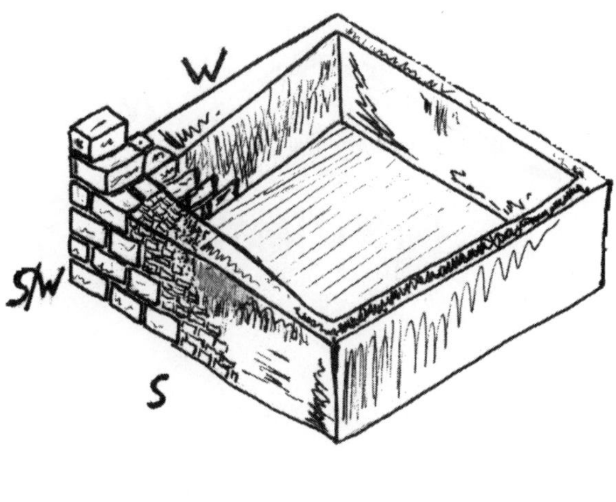


Die Wände sollten im Südwesten höher und dicker sein als in den anderen Richtungen.

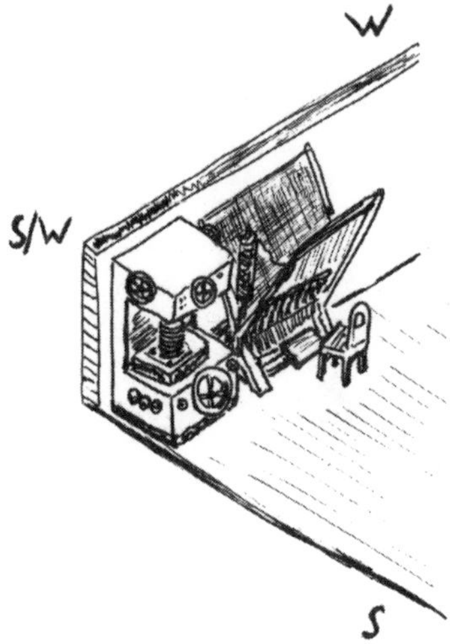


Schwere Maschinen sollten im Südwesten gelagert werden.

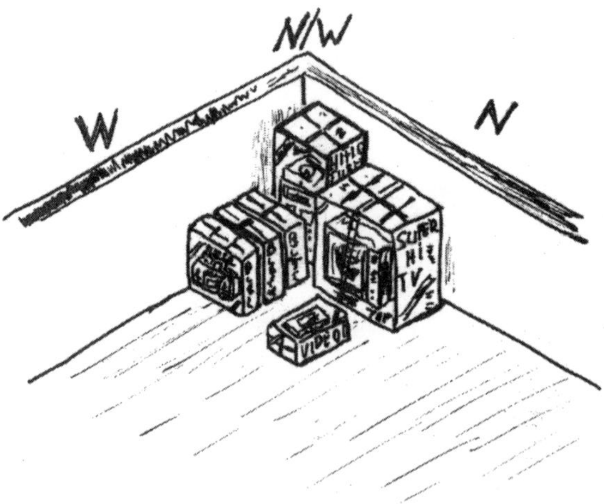


Fertige Geräte sollten im Nordwesten gelagert werden.

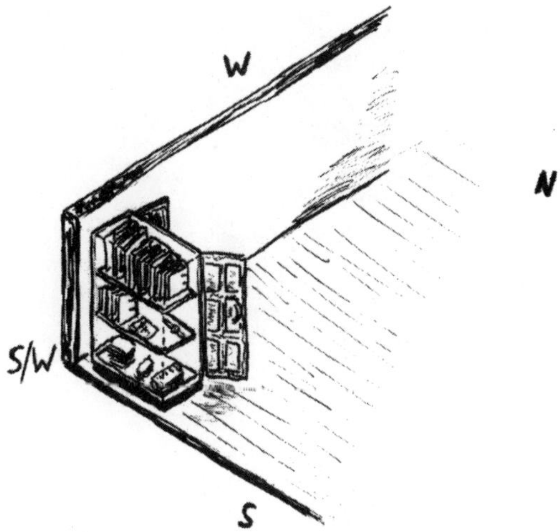


Nicht nur schwere, sondern auch wichtige Dinge, wie Geschäftsordner, Urkunden und Akten, sollten im Südwesten untergebracht werden.

Vastu und Feng Shui sind Geschwister, die einander trotz ihrer kulturellen Unterschiede ergänzen können. Während Feng Shui den Begriff der Lebensenergie ins Zentrum rückt und sich um die Korrektur energetischer Blockaden bemüht, greift Vastu tiefer in die karmischen Zusammenhänge zwischen dem Haus und seinen Bewohnern ein. Feng Shui-Korrekturen zeigen ihre Wirkung zumeist in kurzer Zeit, während die Prinzipien des Vastu sich in der Regel erst nach zwei bis drei Jahren in ihrer ganzen Tragweite auswirken.

# Der vedische Baumeister Maya

## Erbaute der vedische Baumeister Maya die Pyramiden der Mayas?

Heute ist allgemein bekannt, daß Kolumbus nicht der erste war, der Amerika entdeckte. Fast jede Kultur, die der Seefahrt mächtig war, besuchte über die Jahrtausende immer wieder den amerikanischen Kontinent. In den letzten Jahren sind auch heiße Spuren entdeckt worden, die von Indien direkt ins Herz der alten Maya-Kultur Mittelamerikas führen. In den Überlieferungen Südindiens wurde schon vor 30.000 Jahren von weiten Ländern südlich von Indien gesprochen und auf deren Beziehung zur vedischen Kultur hingewiesen. Dieser Spur nachgehend, reiste im Frühjahr 1995 der berühmte vedische Baumeister Dr. V. Ganapati Sthapati nach Peru. Seine Vorfahren erbauten vor rund Tausend Jahren den großen Shiva-Tempel in Tanjore, und er selbst baut noch heute nach den gleichen Prinzipien der vedischen Architektur Tempel in aller Welt. Schon das Studium alter Sanskrit- und Tamil-Schriften über Architektur erweckte bei Dr. Sthapati den Eindruck, daß es eine Beziehung zwischen Südamerika und Indien geben müsse.

Der große Begründer der südindischen Architektur, der auch der Autor einer Vielzahl vedischer Schriften zum Thema Vastu, Kosmologie und Philosophie ist, heißt Maya.

Sollte es einen Zusammenhang zwischen Maya Danava und der Maya-Kultur geben, die vor ca. 3000 Jahren in Peru, Mexiko und anderen südamerikanischen Staaten ihren Anfang nahm? Vor Ort fand Dr. Sthapati viele Hinweise: Die Pyramiden der Mayas sind nach genau den gleichen Prinzipien erbaut, wie die südindischen Tempel. Ihrem Grundriß liegt nicht nur die gleiche geometrische Matrix, das sogenannte Vastupurusha Mandala, zugrunde, sondern auch ihre Form gleicht denen der südindischen Vimanas (Tempeldome) bis aufs Detail. Auch in den Maßen gibt es erstaunliche Gemeinsamkeiten. So entdeckte Dr. Sthapati, daß vor allem in der peruanischen Region Kushku mit der südindischen Kishku-Elle (ca. 33 inch) gemessen wurde. Auch die Wohnhäuser der Mayas wurden exakt nach den Prinzipien des Vastu, der vedischen Architektur, erbaut, die von Maya Danava entwickelt wurde. Ihre Grundrißformen, die Lage ihrer Türen und Fenster, die Proportionen, Dachformen, Neigungswinkel der Dächer, Durchmesser von Säulen, Dicke der Wände usw. sind in perfekter Übereinstimmung mit den Regeln des Vastu, nach denen noch heute in Indien 60% aller Wohnhäuser gebaut sind. Bei so vielen Übereinstimmungen fällt es schwer, an den Zufall als Erklärung zu glauben. Hinzu kommt, daß auch die Techniken, mit denen die Mayas ihre Gebäude errichteten und die riesigen Steine bearbeiteten, die sie für die Tempel und Pyramiden verwendeten, mit denen identisch sind, die Dr. Sthapati noch heute lehrt und anwendet. Sie wurden ebenfalls schon von Maya Danava in seinen Büchern zum Thema Vastu beschrieben.

Reiste Maya Danava tatsächlich von Südindien nach Peru, oder kam er gar ursprünglich aus Südamerika, um später in Indien als großer Baumeister berühmt zu werden? Diese Frage läßt sich erst beantworten, wenn man sich über das mystische Wesen der Person Maya Danavas bewußt wird. Allein in den Geschichtsaufzeichnungen der vedischen Kultur ist sein Wirken unter den Menschen zumindest über einen Zeitraum von 8000 Jahren zu verfolgen. Doch gleichzeitig wird er als ein Wesen von einem anderen Planetensystem beschrieben, der mit allen Arten mystischer Vollkommenheiten ausgestattet ist und eine astronomische Lebensdauer hat. Ist der gleiche Maya Danava zunächst als Baumeister in Südindien und Autor vedischer Texte aufgetreten, um später in Mittelamerika beim Aufbau der Maya-Kultur mitzuwirken, die auch über die Architektur hinaus Parallelen zum vedischen Indien aufweist?

Besonders interessant ist der sprachliche Vergleich. Noch heute gibt es in der Sprache der Mayas Worte, die auf ihre Beziehung zur vedischen Kultur hinweisen. Das Maya-Wort *K`ultanlini* bezieht sich auf die göttliche Kraft und weist unübersehbare Ähnlichkeiten zu dem Sanskrit-Wort *Kundalini* auf, das sich ebenfalls auf die Lebenskraft und die Kraft des Bewußtseins bezieht. Auch das Sanskrit Wort *Yoga* findet sich bei den Mayas in dem Wort *Yok'hah* wieder, das *auf dem Gipfel der Wahrheit* bedeutet. Interessant ist in unserem Zusammenhang vor allem das Maya-Wort *Chilambalam,* das den Tempelraum der Schloß-Pyramide in Chichen Itza bezeichnet. Diese Pyramide hat den gleichen Grundriß wie ein südindisches Tempel-Vimana. Beiden liegt ein Schema aus 8 mal 8 in einem regelmäßigen Gitter angeordneter Quadrate zugrunde. Im Vastu wird ein solches quadratisches Gitter als Manduka-Mandala, das Mandala des Frosches, bezeichnet. Im Zentrum befindet sich ein aus vier Quadranten bestehendes Quadrat. Es wird im Vastu als Brahmasthana, der Ort Brahmas, bezeichnet. An diesem Ort ist die göttliche Energie so stark, daß er zum Wohnen für Menschen ungeeignet ist. Sowohl in den vedischen Vastu-Tempeln als auch bei den Maya-Pyramiden von Chichen Itza befindet sich exakt in diesem Quadrat der heiligste Platz der ganzen Struktur. Dieser Raum wird bei den Mayas als *Chilambalam* bezeichnet, was heiliger Raum bedeutet. Dieser Raum ist kubisch und entspricht auch im Vastu der Urform der Raumes an sich.

Diesem Prinzip folgend, existiert in Südindien ein Shiva-Tempel, in dem der heilige Raum oder Raum des Bewußtseins verehrt wird. Dieser Tempel vollkommener Proportionen heißt *Chidambaram* und ist neben *Shri Rangam* der bedeutsamste Vastu-Tempel Südindiens. Das gleiche Konzept des heiligen Raumes oder der Halle des Bewußtseins wurde bei den Mayas als *Chilambalam* bezeichnet. Eine weitere erstaunliche Parallele.

## Die Metaphysik von Raum und Zeit

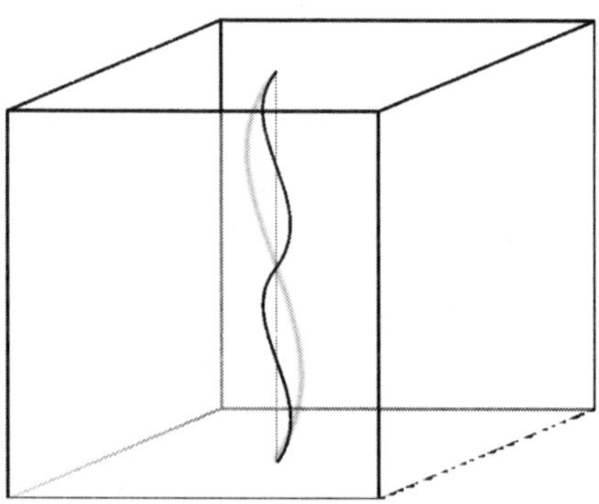

Urzelle des Raumes mit Brahmasutra

Nach Vastu ist der Raum als feinstoffliche Wirklichkeit der Ursprung der Materie. Er wird als Äther bezeichnet und seine Urgestalt ist würfelförmig. Der Würfel ist die ideale Form, die alle Energien in einem harmonischen Gleichgewicht hält. Jede Abweichung von dieser Urform führt zu Unregelmäßigkeiten, die zur Manifestation der grobstofflichen Materie mit all ihren Disharmonien und Fehlern führt. Dieser Raum ist mit Energie und Bewußtsein erfüllt. Wird er durch die Zeit in Schwingung versetzt, beginnt er sich zu strukturieren und zu manifestieren. Im Zentrum des Raumwürfels befindet sich ein feiner Draht, der als Brahmasutra bezeichnet wird. Dieser Draht leuchtet mit der Energie des Bewußtseins und erfüllt den inneren Raum mit Licht und Bewußtsein. Raum ist somit lebendig und bewußt. Die Zeit erzeugt in diesem inneren Raum Schwingungen, die einem bestimmten Rhythmus folgen. Dieser Rhythmus *(tala)* ist den kosmischen Harmoniegesetzen entsprechend ein Achtertakt, der sich vom Tanz Shivas ableiten läßt. Diesen Achtertakt *(asthatala)* kennen viele aus der Musik: Eins Zwei Drei Vier, Eins Zwei, Eins Zwei, wobei jeweils Eins betont und die restlichen Schläge unbetont sind. Somit ist der feinstoffliche Raum *(akasha)* in Form eines achtfachen quadratischen Gitters mit 64 Feldern strukturiert, das die Grundform aller Räume bildet. Wird der feinstoffliche Raum weiter durch die Erscheinungsweisen der materiellen Natur angeregt, transformiert er sich zunächst in der Erscheinungsweise der Leidenschaft in ein Vieleck und dann in der Erscheinungsweise der Unwissenheit in einen Kreis, der einen Radius von 4,5 besitzt, so daß seine Fläche als $\boldsymbol{\pi \cdot 4{,}5^2}$ ebenfalls wieder bei 64 liegt und somit die gleiche Fläche besitzt wie das achtfache quadratische Gitter des feinstofflichen Raumes. Der grobstoffliche Raum entsteht also in der Erscheinungsweise der Unwissenheit, in der sich Kugeln mit dem Radius neun manifestieren. Diese Kugeln sind die Elementarteilchen der physikalischen Welt und werden im Sanskrit als *anus* bezeichnet. Der Übergang vom Achterrhythmus *(asthatala)* zum Neunerrhythmus *(Navatala)* führt von der feinstofflichen zur grobstofflichen Welt. Dieser Übergang wird im Sanskrit als *pranava* bezeichnet. Pranava kann als „Transformation zur Neun hin“ übersetzt werden und bezieht sich auf den heiligen Klang des *Om.* Aus diesem Klang heraus manifestiert sich die Wirklichkeit. Er liegt aller Schwingung zugrunde. Die Manifestation von Energie **E** in Masse **m** wird auf diese Weise im Vastu ebenso beschrieben wie in der modernen Physik. Die Formel $\mathbf{E = m \cdot c^2}$ von Albert Einstein drückt das Gleiche aus. Aus der feinstofflichen Energie **E** (Vastu) wird die grobstoffliche Materie **m**, die aus der Urform des Lichtquadrates $\mathbf{c}^2$ (c ist die Geschwindigkeit des Lichtes) hervorgeht.

Dieses achtfache Energiequadrat ist die Grundmatrix, die im Vastu den Tempeln zugrunde liegt. Es wird als Manduka Mandala bezeichnet. Manduka heißt Frosch. Der Frosch hat keine Ohren. Ihre Funktion wird von den Augenöffnungen übernommen. Der Frosch weist darauf hin, daß Klang und Licht einen gemeinsamen Ursprung haben und nur zwei verschiedene Ausdrucksweisen der gleichen Urschwingung des *pranava* oder *omkara* sind.

Den weltlichen Wohnhäusern liegt entsprechend ein neunfaches quadratisches Gitter zugrunde, das als Vastupurusha Mandala bezeichnet wird. Es besteht aus 81 Quadraten, die die Grundmodule des vedischen Bauens darstellen. Alle Konstruktionen eines Hauses, seien es Säulen oder Wände, sollten mit diesem Energiegitter zusammenfallen. Jede Abweichung von diesem Grundschema macht sich darin bemerkbar, daß die Energien des Hauses gestört werden.

Der vollkommene Raum ist nach Vastu quadratisch, und auch sein Volumen sollte sich vollständig von Würfeln erfüllen lassen. Man sollte daher alle Räume eines Hauses aus solchen würfelförmigen Modulen gleicher Seitenlänge aufbauen. Auf diese Weise kann das Haus ein Resonanzkörper sein, der die kosmischen Energien harmonisch widerhallen läßt.

Vastuvidya ist eine der vedischen Wissenschaften, die bis zum heutigen Tage in Indien praktiziert werden. Es ist ein integraler Bestandteil der vedischen Kultur und von großem Nutzen für alle Menschen. Wird ein Haus in Einklang mit den Naturgesetzen des Vastu erbaut, hilft es seinen Bewohnern, ein friedvolles und glückliches Leben zu führen, während ein Haus, das die Gesetze der Natur verletzt, seine Bewohner ständig mit Schwierigkeiten konfrontiert.

# Index

# Glossar der Sanskritbegriffe

| | |
|---|---|
| Agni | Der Halbgott des Feuers; Beherrscher des Südostens |
| Anu | Atom |
| Asthatala | Rhythmus mit acht Taktschlägen |
| Brahma | Gilt im Hinduismus als Schöpfergott bzw. Architekt des Universums |
| Brahmanabhi | Zentraler Punkt eines Hauses |
| Brahmasthana | Geometrisches und energetisches Zentrum eines Hauses bzw. eines Grundstücks |
| Brahmavithi | Bereich um das Zentrum eines Hauses herum |
| Chakren | Energiezentren des feinstofflichen Körpers, die auch auf den Raum des Vastu bezogen werden können |
| Dakshina | Süden |
| Deva | Halbgott |
| Devavithi | Bereich der Götter bzw. Halbgötter |
| Indra | Der König der Halbgötter; Beherrscher des Ostens |
| Ketu | Schattenplanet; mythologisch durch den Schwanz des Drachen repräsentiert |
| Kundalini | Lebensenergie |
| Kuvera | Der Schatzmeister der Halbgötter; Beherrscher des Nordens |
| Mandala | Auf ein Zentrum gerichtete, symmetrische geometrische Matrix, die in graphischer Form metaphysische Zusammenhänge darstellt bzw. symbolisiert. |
| Manushyavithi | Bereich der Menschen |
| Maya Danava | Schüler Brahmas und Begründer des Vastuvidya, vor allem der südindischen Schule |
| Navatala | Rhythmus mit neun Taktschlägen |
| Om | Mystischer Klang, der nach vedischer Philosophie die Gesamtheit des Kosmos verkörpert |
| Paschima | Westen |
| Pishachavithi | Bereich der Hexen und Dämonen |
| Poorva | Osten |
| Pranava | Bezeichnung des Urlautes om |

| | |
|---|---|
| Purusha | Person |
| Rahu | Schattenplanet; mythologisch durch den Kopf des Drachen repräsentiert |
| Sanskrit | Ursprache Indiens, in der die vedischen Schriften verfaßt sind |
| Shilpin | Meister der vedischen Baukunst |
| Shiva | Eine der drei Hauptgottheiten des Hinduismus. Shiva obliegt die Zerstörung des Kosmos, die durch seinen kosmischen Tanz ausgelöst wird. |
| Sthapati | Architekt der vedischen Baukunst |
| Swastika | Glückverheißendes Symbol |
| Tala | Rhythmus |
| Uttara | Norden |
| Vastu | Vastu bedeutet ursprünglich Raum, Substanz und bezieht sich im konkreten Sprachgebrauch in erster Linie auf das Grundstück. Im weiteren Sinne kann es für jede Art von Gebäude bzw. Konstruktion verwandt werden. |
| Vastupurusha | Die kosmische Personifikation der Gesamtheit aller feinstofflicher Energien des Universums |
| Vastuvidya | Die Wissenschaft des Vastu |
| Varuna | Der Halbgott des Wassers; Beherrscher des Westens |
| Vayu | Der Halbgott der Luft und des Windes; Beherrscher des Nordwestens |
| Veden | Die jahrtausendealten Sanskritschriften Indiens |
| Vidya | Wissen |
| Vithi | Räumlicher Bereich um das Zentrum eines Grundstücks herum |
| Yamaraja | Der Halbgott des Todes; Beherrscher des Südens |
| Yoga | Verbindung mit etwas Höherem; in der Astrologie bezeichnet es die Verbindungen zwischen den Planeten |

# Literaturverzeichnis

Verschiedene Teile dieses Buches beziehen sich auf unterschiedliche Bücher zum Thema Vastu. Teilweise wurden Übersetzungen von Sanskrit-Originaltexten herangezogen, teilweise dienten akademische Klassiker als Grundlage, während in Bezug auf die praktische Planung eines Hauses auf verschiedene sehr gute moderne Arbeiten zurückgegriffen wurde. Die folgenden Bücher fanden hierbei besondere Beachtung:

Vastushastra, An Edifice Science, A.R. Tarkhedkar, Cosmo Publishing House, India, Dhulia 1995

Principles and Practice of Vastu Shastra, V.V. Raman, Vidya Bhavan, Jaipur 1996

Vedic Architecture and Art of Living, A Book on Vastu Shastra, B.B. Puri, Vastu Gyan Publication, Delhi 1995

Hidden Treasure of Vastu Shilpa Shastra and India Traditions, Derebail Muralidhar Rao, SBS Publishers, Bangalore 1995

Vastu Shastra, Vol.1, Hindu Science of Architecture, D.N. Shukla, Vastu-Vanmaya-Prakasana-Sala, Lucknow 1960

The Secret World of Vaasthu, Gouru Tirupati Reddy, Prajahita Publishers, Hyderabad 1996

Vastu Sutra Upanishad, A. Boner, Sadasiva Rath Sarma, Bettina Bäumer, Moltilal Banarsidass, Delhi

Viswakarma Vastushastram, K.V. Sastri, N.B. Gadre, Tanjore Sarasvati Mahal Series No. 85, Tanjore 1958

Matsya Purana – A Study

Matsya Purana, Übersetzung aus dem Sanskrit

The little Book on Vastu, Gyan C. Jain, BPB Publications, Delhi 1996

Vaastu Shastra, Redefined, reinterpreted and illustrated, Dr. V. Ganapathi Sthapati, Vaastu Purusha Publishing House, Madras 1997

Vastu Shastra, A Scientific Treatise, Dr. V. Ganapathi Sthapati, Vastu Vedic Research Foundation, Madras 1996

Your Fortune from thy House (Vastu Shastra), R.G. Rao, Sagar Publications, New Delhi 1995

Sthapatis Visit to Maaya Land, A write up on Sthapatis visit, Hinduism Today, Juni 1995

Temples of Space-Science, Dr. V. Ganapathi Sthapati, Vastu Vedic Research Foundation, Madras 1996

Den Lesern, die eine systematische Einführung zum Thema Vastuvidya in deutscher Sprache suchen, empfehlen wir:

Das Yoga des Wohnens, Marcus Schmieke, Silberschnur 1999
ISBN 3-931 652-64-5

# Über den Autor

Marcus Schmieke, geboren 1966 in Oldenburg, studierte Physik und Philosophie in Hannover und Heidelberg. Er wurde 1989 in eine vedische Schülernachfolge eingeweiht und verbrachte seither zahlreiche Studienaufenthalte in Indien, um Sanskrit, vedische Philosophie und Vastuvidya zu studieren. Seit 1993 arbeitet er hauptsächlich an der Integration von Wissenschaft und Spiritualität und veröffentlichte seine ersten Arbeiten zu diesem Thema in der 1994 von ihm mitbegründeten Zeitschrift Tattva Viveka. Weiterhin verfaßte er die Bücher „Das letzte Geheimnis“ (1995) und „Das Lebensfeld“ (1997) und gab einen Kongreßband über „Feinstoffliche Energien in Naturwissenschaft und Medizin“ heraus (1997).

Im Jahre 1996 gründete er die Veda-Akademie zur Integration von Wissenschaft und Spiritualität auf Schloß Weißenstein, die sich als ein interdisziplinäres Forschungs- und Lehrzentrum mit neuen Paradigmen in Wissenschaft und Medizin beschäftigt.

Im April 1998 zog diese Akademie in die Sächsische Schweiz, und richtete ihren Schwerpunkt wieder stärker auf die Erforschung vedischen Wissens. Vastuvidya bildet einen integralen Bestandteil ihrer Arbeit, da in die vedische Architektur Wissen aus allen Bereichen einfließt.

Neben seinem Studium der wichtigsten Originaltexte studierte Marcus Schmieke die technischen Aspekte des Vastuvidya an dem renomierten südindischen Institut *Vastuvidyapratisthanam*. Gegenwärtig bietet er neben Vorträgen und Seminaren auch eine Ausbildung zum Vasati-Berater an.

## Vasati - Die Architektur der Freude

Vasati ist die ursprüngliche Form der vedischen Architektur in ihrer auf den europäischen Kontinent abgestimmten Form. Jedes Land besitzt klimatische, geistige, kulturelle und soziale Besonderheiten, die mit den universellen Prinzipien des Vastuvidya verbunden werden müssen. Im Vasati verbinden sich das Wissen über die vedische Architektur, die Naturelemente und den Einfluß der Planeten mit der Wahrnehmung der feinstofflichen Energien und Einflüsse zu einer persönlichen Architektur der Freude. Vasati ist ein anspruchsvoller individueller Weg zu mehr Wohn- und Lebensqualität auf der Grundlage Jahrtausende alten Wissens und moderner Forschungen.

### Vasati-Ausbildungen und -Beratungen umfassen:

- Vedische Architektur
- Inneneinrichtung und Wohnraumgestaltung
- Vedische Astrologie zur Bestimmung des richtigen Zeitpunktes für Bauvorhaben und ähnliche Ereignisse
- Berücksichtigung der Erdenergiegitter und geomantischer Energien
- Arbeit mit den fünf Elementen und den Planeten zur persönlichen Raum- und Lebensgestaltung

Bei Interesse wenden Sie sich bitte an die folgende Adresse:

## Olivia Moogk

# Geheimsymbolik des Feng-Shui

ISBN 3-931 652-63-7
120 Seiten · gebunden
DM 19,80

Das Buch „Geheimsymbolik des Feng-Shui“ ist die erste Veröffentlichung dieser Art, das die Macht der Symbole präsentiert.
Mit den Geheimsymboliken kann man Glück, Wohlstand, Gesundheit, gute Liebesbeziehungen und Kinderglück genauso anziehen wie Glück in geschäftlichen Angelegenheiten, Schutz und Macht. Daß dabei Codierungen, die mit den Himmelsrichtungen zusammenhängen eine nicht zu unterschätzende Rolle im Leben spielen können und Formen zu Resonanzen im Körperinneren führen, sollte Sie nach diesem Büchlein nicht mehr verblüffen.

---

## Roland Geisselhart

# Astrologie im All-Tag

### Wie man sich von den Sternen helfen läßt

ISBN 3-931 652-49-1
ca. 152 Seiten · broschiert
DM 24,80

Dieses Buch ist eine Hilfe, zur Stärkung der erwünschten astralen Einflüsse und zum praktischen Verständnis der Weisungen der Sterne, um die positiven Konstellationen seines persönlichen Horoskops für sich zu nutzen. Die Planeteneinflüsse alleine machen noch kein Schicksal unabänderlich. Wer sich von den Äusserlichkeiten des Alltags so gut wie möglich löst, kann ein großes Stück innerer Freiheit erlangen. Auf dieser Basis werden die Sterne rasch zu Freunden, die den Alltag zum All-Tag werden lassen. Wir selbst können durch gezielte Impulse den Lauf der Dinge beeinflussen.

## Carmen Schüle

# Handlesen leicht gemacht

**Der schnelle Charakterspiegel**

Mit diesem Buch haben Sie die Möglichkeit in die Hohekunst des Handlesens einzusteigen. So kann die Hand Veranlagungen und Begabungen preisgeben. Das Handlesen führt zu vertiefter Selbsterkenntnis und hilft auch das Wesen anderer Menschen besser zu ergründen. In Abbildungen werden alle wesentlichen Handmerkmale erklärt.

ISBN 3-931 652-46-7
ca. 200 Seiten · vier-farbig · gebunden
DM 33,00

---

## Mark Smith

# Aura-Sehen

**Schnell und einfach**

In Aura sehen - schnell & einfach erforscht Mark Smith die entscheidende Rolle der Aurasichtigkeit, also der Fähigkeit, die menschliche Aura wahrzunehmen, als ein Weg zur Erhaltung von Gesundheit und Wohlbefinden. Aurasehen ist völlig natürlich und ungefährlich, und viele Menschen sind sich der Existenz dieser Aura sogar schon bewußt, denken jedoch meist, daß es sich dabei um Intuition, Ausstrahlung oder „Chemie“ handelt...

Haben Sie die Kunst des Aurasehens erst einmal erlernt, werden Sie bei anderen erkennen können, wenn sie lügen oder welchen Beruf sie haben oder - auch bei sich selbst - wenn eine Krankheit im Anmarsch ist, ohne daß erst die ersten Symptome auftreten müssen.

ISBN 3-931 652-48-3
176 Seiten · broschiert
DM 24,80

# E L F E N H E L F E R

Format 10x15cm · broschiert · 80 Seiten · illustriert · DM 8,20 ISBN 3-854 66-00 ( )

## Sei gut zu Dir

Der originale Bestseller, der die Elfenhellfer-Bewegung ursprünglich ausgelöst hat. Echte Selbstliebe beginnt mit der An-Erkenntnis, daß jeder von uns Gottes schöpferische Handarbeit ist. (0-6)

## Lasse Dir Zeit

Handfeste Ideen für Leute, die immer in Eile sind: Zur Wiedergewinnung dessen, was Du bereits besitzt: Zeit, genügend Zeit. Geleitet zu einem entspannteren, friedvolleren Gebrauch der Zeit. (4-9)

## Bleib guten Mutes

Für all jene, die sich alltäglichem Ungemach und Rückschlägen gegenübersehen. Wundervolle Elfenhilfe, den Geist wieder aufzurichten und trotz der rauhen Seiten des Lebens zu lächeln. (3-0)

## Dein inneres Kind Erinnern

Augenfällige Ermutigungen, Dich auch als Kind wahrzunehmen, geliebt und glücklich und fähig, als begabtes Kind Gottes Dein Leben mit Zuversicht zu lenken. (1-4)

## Ein einfacheres Leben

Dieses Büchlein bietet einen Weg mitten durch die Ver-wicklungen unseres komplexen Lebens hin zur Wiederentdeckung seiner einfacheren Freuden und Geschenke. (2-2)

## Loslassen im Annehmen

Inspirierende Texte und einnehmende Illustrationen führen den Leser sanft in Richtung einer lebensbejahenden, heilenden Sichtweise und Einstellung. (5-7)

# Die zweiten 6 von 34 Elfenhellfern:

**Sei gut zu Deinem Körper** (06-5)
**Sei gut zu Deiner Ehe** (07-5)
**Vertraue Deiner Trauer** (11-1)
**Feiere Dein Frau-Sein** (08-1)
**Alles Gute zum WiederGeburtsTag** (09-X)
**Spiele Dich Frei** (10-3)